デジタル改革と個人情報保護のゆくえ

「2000個の条例リセット論」を問う

庄村勇人・中村重美 著

自治体研究社

はしがき

安倍・菅両政権の下で公的部門のデジタル化が急加速しています。2021年5月に制定されたデジタル改革関連法においては、「デジタル社会の形成」が我が国の重要な課題であり、その実現のためデジタル庁の設置や地方公共団体情報システムの標準化が行われました。そこでは「民間」が主導的な役割を担いつつ、自治体を含めた「官」はそのための環境整備を図ることとされています。このデジタル化政策は岸田政権でも引き継がれており、日本全体のDXを進めるために、デジタル田園都市国家構想実現会議などの組織の設置とともに、「デジタル日本改造ロードマップ（工程表）」を策定する方針を定め、2030年前後にむけて官民におけるデジタル投資額を倍増させるとしています。

さて、それらデジタル社会の形成の鍵となるのが「情報」です。官の保有するデータのオープンデータ化がすすめられるとともに、後で見るように、個人情報の利活用にむけて個人情報保護法も改正されてきました。そしてマイナポータルを通じた官と民との情報連携政策も進行しており、自治体間での情報システムの標準化・共同化が行われています。この度のデジタル改革関連法は、まさにこのような情報に関する仕組みを中心としたデジタル化の基盤整備を行おうとするものです。

ところで、とくに個人情報に関する法制度は、我が国では、国の行政機関、独立行政法人、自治体等主体ごとに異なる法制度を策定してきており、デジタル改革関連法による動きはこれらとの関係が問題となります。特に自治体では、自治体ごとに個人情報保護条例を制定し、一部共通する部分もあるものの、それぞれ独自の規律を設けてきました。デジタル改革関連法をめぐる「改革」においては、これら個人情報保護に関する「バラバラの規律」はデジタル化政策にとっては「支障」として位置付けられ、その結果、個人情報保護法制は一元化されることとなりました。

しかし、デジタル化を大義名分として、それまで自治体で共に築いてきた価値（憲法的価値）をないがしろにするような「改革」が仮に進められているのであれば、その問題性を指摘せざるを得ません。特に、個人の尊重や地方自治に関する問題は、今般の個人情報保護制度の「改革」において大いに問われるものと思われます。本書では、まさにこのような問題意識から、この度のデジタル改革関連法に伴う個人情報保護制度のあり方について考察を行います。

本書の第Ⅰ部では、この間のデジタル改革関連法制定に伴って改正された個人情報保護法改正の中身を確認するとともに、これらが個人情報保護条例における規律に与える影響、そして改正後の条例制定のあり方について検討します。

本書の第Ⅱ部では、世田谷区におけるデジタル改革の動きや個人情報保護条例改正に向けた課題について整理しています。国のデジタル化の動きに対して、自治体は、地方自治の視点を踏まえて独自に検討しているのでしょうか。世田谷区の動きに関する指摘は、全国の多くの自治体に向けても警鐘をならすものとなっています。

今後、本格化する個人情報保護条例の改正や個人情報保護法の3年ごとの見直しに際して、憲法的価値を実現することに向けての一助となれば幸いです。

2022年1月　　　　執筆者を代表して　庄村勇人

「デジタル改革と個人情報保護のゆくえ」
—「2000個の条例リセット論」を問う—

目　次

I　自治体における行政のデジタル化と個人情報保護

庄村勇人

はじめに

近年、社会のデジタル化に伴い、行政においてもデジタル化政策が強力に進められてきました。2010年以降の動きをみても、政府は公的部門のデジタル化を大きな課題としております[1]。そして2019年12月に新型コロナウィルスが確認された以降、政府は感染症対策としてもその動きを加速させています。担当大臣は、感染症対策としてのデジタル対応が迅速かつ十分にできなかった状況を「デジタル敗戦[2]」と「反省」していましたが、その一方で政府はこれを霞が関を中心に遅々として進まない公的部門のデジタル改革を進める「機会」とも捉えたのかもしれません。

いわゆる「骨太の方針2020[3]」では「次世代型行政サービスの強力な推進―デジタル・ガバメントの断行」を優先的な政策課題と位置づけ、また、同日に閣議決定された「世界最先端デジタル国家創造宣言・官民データ活用推進基本計画[4]」においては、テレワークの推進やオンラ

1　特に地方行政のデジタル化については、白藤博行「Democracy 5.0と『地方自治＋α』」白藤博行・自治体問題研究所編『デジタル化でどうなる暮らしと地方自治』（自治体研究社、2020年）11-39頁、宍戸常寿「地方行政のデジタル化に関する論点」『自治実務セミナー』2020年9月号（2020年）6-9頁、原田大樹「デジタル時代の地方自治の法的課題」『地方自治』884号2-26頁。稲葉一将「地方行政デジタル化の特徴と課題」『自治と分権』84号23-32頁、大田直史「行政デジタル化、デジタル・ニューディールと地方自治、地方自治体」『法の科学』52号（2021年）65-75頁、本多滝夫・久保貴裕『自治体DXでどうなる地方自治の「近未来」』（自治体研究社、2021年）等を参照。

2　「菅首相肝煎りのデジタル庁、担当大臣が乗り越えるべき『敗戦』を語る」日経XTECHウェブサイト（https://xtech.nikkei.com/atcl/nxt/column/18/01452/102300001/、2021年12月5日閲覧）平井大臣発言部分。

3　閣議決定「経済財政運営と改革の基本方針2020」（2020年7月17日）。

4　閣議決定「世界最先端デジタル国家創造宣言・官民データ活用推進基本計画概要」（2020年7月17日）。

イン教育、オンライン診療等の新型コロナウィルス感染症がもたらした「社会・価値観の変容」を踏まえ、「デジタル強靭化社会」の実現を目指し、高度情報通信ネットワーク社会形成基本法（以下、「IT 基本法」とする）の全面的な見直しや、政府全体に横串を刺した社会全体のデジタル取組みの抜本的強化を図る、としました。これらを踏まえ、菅前首相は、2020 年 9 月 23 日のデジタル改革関係閣僚会議において、行政の縦割りを打破し、大胆に規制改革を断行するためのデジタル庁の創設、IT 基本法の抜本的改正を指示しました。その後デジタル・ガバメント閣僚会議の下に設置されたワーキンググループ等による検討を踏まえ、2021 年 2 月にデジタル改革関連法案を閣議決定し、審議を経て、2021 年 5 月 12 日同法案は可決成立しました[5]。

ここで、デジタル改革関連法とは、デジタル社会形成基本法（以下、「基本法」とする）、デジタル庁設置法（以下、「設置法」とする）、デジタル社会の形成を図るための関係法律の整備に関する法律（以下、「整備法」とする）、公的給付の支給等の迅速かつ確実な実施のための預貯金口座の登録等に関する法律、預貯金者の意思に基づく個人番号の利用による預貯金口座の管理等に関する法律、地方公共団体情報システムの標準化に関する法律（以下、「標準化法」とする）のことです。このうちの整備法 50 条、51 条において個人情報保護法が大きく改正されることとなりました（以下、改正後の個人情報保護法を「改正個法」とする。また特に断りのない限り、ここでの改正個法の規定は整備法第 51 条による改正後の規定を指す）。

さて、これまで個人情報保護制度の改革の動きは、行政のデジタル化の動きと密接に関係してきました。そこでは、デジタル化に伴って個人情報、個人データの利活用を推進する政策が進められてきました。2015 年に改正された個人情報保護法（以下、「2015 年個法」とする）、及

5　総務省『情報通信白書令和 3 年版』111-114 頁参照。

び2016年に改正された行政機関個人情報保護法（以下、「行個法」とする）においては、個人情報を加工した情報としてそれぞれ「匿名加工情報」、「非識別加工情報」が導入され、その利活用を念頭におきつつ個人情報の「保護」制度が整備されてきました。改正個法においては、まさにこの「利活用政策」が自治体に対しても適用されることとなり、自治体はそれにいかに「対応」するかが問われています。

周知のように、個人情報保護制度はもともと地方が先行して整備してきました。1984年の春日市においてはじめて個人情報保護条例が制定されて以降、2021年現在、一部の一部事務組合等を除いて、すべての都道府県、市区町村において個人情報保護条例は制定されています。それらの条例はOECD8原則に基づく個人情報保護の仕組みを導入している点で多くの共通点をもっていますが、他方で、自治体ごとの必要性を踏まえて、死者情報に関する規定、機微情報の取得制限規定など自治体独自の様々な規制を規定し運用してきました。それを改正個法では、一旦「リセット」するもの、とされています[6]。

近年のデジタル化は、ロボット技術を利用したデータ入力などの事務処理などにとどまらず、人工知能（AI）を利用したビッグデータの活用、クラウドサービスの活用など行政の事務に大きな影響をもたらすものとなっています[7]。オンラインで通信することを前提にしている点で、技術的な意味で自治体行政の情報システムの標準化等を行うなど規格化が要請されています。他方で自治体ごとに別々の仕組みをもっている個人情報保護制度は、システムを標準化し同じ基準のもとで運用したい側にとっては、バラバラでは「都合が悪い」ことになります。個人情報保護をめぐってはこのようにデジタル化と地方自治との

6　衆議院内閣委員会（2021年3月19日）「現行の地方公共団体の条例の規定は、基本的には改正法の施行までに一旦リセットしていただくことになり、独自の保護措置として存置する規定等については改めて規定していただくことになると思います。」（平井卓也発言部分）。
7　狩野英司『自治体職員のための入門デジタル技術活用法』（ぎょうせい、2020年）等参照。

矛盾の問題も指摘されます[8]。

本稿では、憲法の保障する価値としての個人の尊重や地方自治といった観点から、この度のデジタル改革関連法に伴う個人情報保護法の改正内容を見たときにどのようなことが指摘できるのかについて若干の考察を行います。

「1」では、2021年の個人情報保護法改正の背景としての行政のデジタル化について、デジタル改革関連法を中心に検討を行います。「2」では改正個法の改正の内容について検討するとともに、改正個法とこれまでの自治体の個人情報保護条例とはどのような点が異なるのかを主要な論点について確認します。そのうえで、「3」では憲法上の価値からこの度の改正個法をみたときにどのような論点があるのかについて検討を行い、「おわりに」で今後の課題を述べたいと思います。

1　行政のデジタル化と個人情報保護法制改正の経緯

⑴　2021年デジタル改革関連法による改正前まで

情報通信白書では、我が国のデジタル化政策の歴史として2000年から2003年ころまでのICTインフラを整備するための施策を整えた時期を「第一期」、ICTインフラを整備するだけでなく利活用促進に向けた取り組みが行われた2003年から2010年代半ばまでの時期を「第二期」、そしてデータ流通時代への対応のため、公共データやパーソナルデータの利活用を進め、「すべての国民がIT利活用やデータ利活用を意識せず」その便益を享受し、真に豊かさを実感できる社会という「官民データ利活用社会」の構築に向けた取組みを行った2013年ころから現在に至るまでを「第三期」と位置付けています。以下では第二期、第三期を中心に特にここ10年ほどの間にどのような動きがあった

8　稲葉一将、前掲「地方行政デジタル化の特徴と課題」、26頁以下参照。

のか簡単に整理します[9]。

〈ICTインフラの利活用に向けた施策〉

政府は、2000年代初め以降、高度情報通信ネットワーク社会推進戦略本部（以下、「IT戦略本部」とする）による「e-Japan戦略」や「e-Japan戦略Ⅱ」によってデジタル化を進めようとしてきました。「e-Japan戦略」においては、5年以内に世界最先端のIT国家となることを目標に、4つの重点政策を定めインフラ整備を進めてきました。さらに2003年の「e-Japan戦略Ⅱ」においてはIT利活用の推進を前面に打ち出し、重要7分野における先導的取組みを進め、他分野への展開を目標として掲げました。

しかし、特に公的部門においては申請件数の多い手続について利用率が伸び悩んだこと、霞が関の足並みがそろわなかったことなどからその利用が進まない状況が続いていました。その「反省」を生かして、2010年に「過去のIT戦略の延長線上」ではない戦略として「新たな情報通信技術戦略」（IT戦略本部[10]）を策定し、デジタルデータの利活用を通じた「新市場の創出と国際展開」等を目指しました。2010年代前半には欧米において個人情報の利活用に関する制度整備の動きがあり、これに倣う形で我が国も利活用に向けた動きが進みました。

〈デジタルデータの利活用社会の構築〉

2013年には「世界最先端IT国家創造宣言[11]」を閣議決定し、「成長戦略の柱がIT戦略」であるとし、「『ヒト』、『モノ』、『カネ』と並んで『情報資源』は新たな経営資源」として位置付け、そのための制度を整備してきました。同年、行政手続における特定の個人を識別する

9　総務省『情報通信白書令和3年版』2-10頁。また、佐藤一郎「技術者の視点からみたデジタル化」『ジュリスト』1556号37頁以下等を参照。

10　IT戦略本部「新たな情報通信技術戦略」（2010年5月11日）。

11　閣議決定「世界最先端IT国家創造宣言」（2013年6月14日）。

ための番号の利用等に関する法律（以下、「番号法」とする）が制定され、また省庁横断的対応のためIT戦略本部を「IT総合戦略本部」と改称するとともに、政府CIO制度（内閣官房に内閣情報通信政策監）を設置しました。

そして2015年には、個人情報の利活用とそのための個人情報保護の整備を目的として個人情報保護法が改正されました（以下、「2015年個法」）。この段階で個人情報保護委員会（以下、「個情委」とする）が新設され、民間事業者への監督及び加工情報の管理をすることとなりました。

翌2016年には「第5期科学技術基本計画[12]」が閣議決定され、イノベーションを重視する政策を推進するとともに、Society 5.0として世界に先駆けた「超スマート社会」の実現が目指されました。また同年、官民データ活用推進基本法が制定され、「オープンデータ政策」がとられるとともに、国、地方公共団体の施策の「整合性の確保」を講ずるもの（同法第19条）と規定されました。そして前年の個法改正に合わせて、行個法もこの年に改正されました。

〈自治体へのデジタル化政策の展開〉

2019年の「情報通信技術を活用した行政の推進等に関する法律」における、自治体への行政手続のオンライン化の努力義務（第12条2項）の明示を経て、2020年には、個人情報保護法等の改正に向けた動きが本格化します。

第32次地方制度調査会答申[13]では、人口減少、技術・社会の大幅な変化、新型コロナウィルス問題等リスク対応の観点から地方行政のデジタル化が叫ばれ、「地方公共団体の情報システムの標準化」、「AI等の活用」、「公共私の連携」と「地方公共団体の広域連携」といった施

12　閣議決定「科学技術基本計画」（2016年1月22日）。
13　第32次地方制度調査会「2040年頃から逆算し顕在化する諸課題に対応するために必要な地方行政体制のあり方等に関する答申」（2020年6月26日）。

策と並んで「データの利活用と個人情報保護」が指摘されました。また、「経済財政運営と改革の基本方針2020（骨太の方針2020）」では「国・地方を通じてデジタル基盤の標準化の加速」を行うとされ、総務省も「自治体DX推進計画[14]」を公表し、首長をトップにCIOを設置する等全庁的マネジメント体制の構築を指示しています。さらに改訂版の「デジタル・ガバメント実行計画[15]」においては「国・地方デジタル化指針」が策定され、「個人情報保護法制の見直し」や自治体における「情報システム等の共同利用の推進」「AI・RPA等による業務効率化の推進」「オープンデータの推進」等が目指されることとなりました。なお同年には、いわゆる「3年ごとの見直し」として、個人情報保護法が改正されており「仮名加工情報」（2020年改正による個人情報保護法第2条9項）という新たな概念が導入されることとなっています[16]。

そして今般の改正に大きな影響を与えたのは、「個人情報保護制度の見直しに関するタスクフォース（内閣官房）」による「個人情報保護制度の見直しに関する最終報告」（2020年12月）です。詳細は後述いたします。

このように、この間、内閣におかれるIT（総合）戦略室によってデジタル化が強力に推進され、個人情報の利活用等を目的とする個人情報保護法の改正が、2015年、2020年、2021年と3度行われてきました。その波に自治体も巻き込まれることになっています。

(2)　2021年デジタル改革関連法の概要

個人情報保護法の改正がデジタル改革関連の法制度改革として行わ

14　総務省自治行政局「自治体DX推進計画概要」（2020年12月25日）。
15　閣議決定「デジタル・ガバメント実行計画」（2020年12月25日）。
16　個人を識別できないようにした加工情報ではあるが、当該個人情報を復元することができないよう加工した匿名加工情報とは異なり、他の情報と照合することが認められ、照合することにより個人を識別することも可能となる情報のことです。

れたことから、ここではデジタル改革関連法の概要、特に基本法、設置法、整備法、標準化法について簡単に触れておきます。

〈基本法〉

基本法は、デジタル社会の形成に関する基本理念及び施策の策定に関する基本方針を定め、国及び地方公共団体の責務を明らかにし、デジタル庁の設置及び重点計画の作成について定めることを目的としています（同法第1条)。2000年に制定された高度情報通信ネットワーク社会形成基本法を廃止して、それを発展させるためのもので、ネットワーク活用だけでなく「データ利活用」により発展するデジタル社会が目指されています。

〈設置法〉

デジタル庁を設置するための組織法です。デジタル社会の形成に資する重点計画の作成や官民データ活用推進基本計画の作成推進、そして個情委から移管された番号法に関する基本政策の企画立案・推進事務などの「分担管理事務」を所掌するだけでなく（同法第4条2項)、デジタル社会の形成のための施策に関する基本方針の企画立案や総合調整等の「内閣補助事務」も所掌する（同法第4条1項）こととなっており、二重の性格を持っています。デジタル庁は内閣に置かれ（同法第2条)、「内閣の事務を内閣官房と共に助ける」（同法第3条1号）こととされているため、内閣府よりも上位に位置付けられ、復興庁との類似性が指摘されています[17]。デジタル庁の長は内閣総理大臣であり（同法第6条1項)、デジタル庁令発令権（同法第7条3項)、デジタル庁の所掌事務についての告示・訓令・通達発出権（同法第7条5-6項）が認められています。さらに、内閣総理大臣を助け、事務を統括、職員の服務統督（同法第8条3項）をするためにデジタル大臣（同法8条）を置き、関係行政機関に説明要求権（同4項）や勧告権を持つとすると

17　白藤博行「デジタル庁の設置と国家統治のDX」『法と民主主義』557号5頁。

ともに、関係行政機関の長は当該勧告を「十分に尊重」しなければならないものとされています（同5項）。

今回の改革を含めた内閣府、復興庁、デジタル庁等の府庁をみると内閣補助機関化が進展していること、また行政組織法定主義のもとで、できる限り国会の統制に服せしめようとするこれまでの国の行政機関の系統的構成が崩れ、内閣・内閣総理大臣・内閣官房の下での一体的構成へと転形していることなどが指摘され、「デジタル庁の設置は一見すると技術的契機による改革に見えるが、実は政治的契機、権力的契機による改革である」との評価がなされています[18]。このような集権的な性格を持った組織が、上で見たように番号法に関する基本政策の企画立案・推進事務を行うという点は改めて確認しておきます。

〈整備法〉

「デジタル社会の形成に関する施策を実施するため」63本の法律を束ねた法律です。個人情報保護法改正関係は50条（地方公共団体関係を除く。公布から1年以内に施行）及び51条（地方公共団体関係。公布から2年以内に施行）となっています。個人情報保護法部分の改正については、後述いたします。

〈標準化法〉

地方公共団体情報システムの標準化に関して、必要な事項（同法第1条）を定める法律です。政令で定める主要17業務（標準化対象事務、その後3業務追加予定）について情報システムの標準化を行うもので（同法第2条1項）、自治体に対して、国が定めた「地方公共団体情報システムに必要とされる機能等についての統一的な基準」に合致した情報システムの利用を義務付けています（同法第2条3項）。標準化の趣旨は、これまでベンダーロックインのためシステム選択の自由度がなく、多額のコストがかかっていたものについて、その拘束から解き放ち行

18　同上、8頁。

政サービスの改善に資するというものとされています。[19]

さて、地方公共団体情報システムについては、地方公共団体情報システム機構法（以下、「機構法」とする）に基づく地方公共団体情報システム機構（J-LIS）が運営しており、住基ネットの運営や公的な個人認証、番号法に関する事務、総合行政ネットワーク（LGWAN）等の業務を行っています。かつては知事・市長・町村長（その全国連合組織）から１名と有識者３名から選出された代表者会議によって運営されていましたが、整備法第57条にもとづく機構法の改正により国の統制が強化されました。具体的には、代表者会議の委員に、主務大臣又はその指名する職員が加わることが規定され（同法第８条２項）、代表者会議による理事長及び幹事の任命、代表者会議の委員の解任に「主務大臣の認可」が必要となりました（同法第13条１項、第16条２項）。ここにも国の介入の強化がみられます。

〈小括〉

個人情報保護法はこのような法律と並んで改正されることとなっています。以下で見るように、たしかに個人情報保護法制度に特有の理由による改正もありますが、しかし、これら全体との関係を踏まえると、デジタル化に伴う利活用やサービス向上という名の下に、個人情報を国が集権的に管理し、統制するという側面がみえるかもしれません。特に、デジタル庁や地方公共団体情報システム機構のように、訴訟の対象となりにくい、組織の改編から「改革」がスタートする点は、注意する必要があります。そして、個人情報保護に関しては、番号法制度に関する事務を個情委からデジタル庁に移管すること、あるいは住基ネットの運営や個人認証、LGWANといった仕組みに国が大きな関心を持っていることが分かりますし、個人情報、個人データはそのカギとなるものといえましょう。そこで次に、個人情報保護法の改正

19　宍戸常寿、前掲「地方行政のデジタル化に関する論点」、６頁以下。

に関わる問題に絞って検討してみたいと思います。

2　2021年個人情報保護法改正の内容

(1)　2021年個人情報保護法改正の概要

1）改正の理由

整備法50条、51条に基づいて、個人情報保護法が改正されることとなりましたが、特に自治体部分についての改正の理由及び背景については以下のように指摘されています。[20]

第1に、近年の「情報化の進展や個人情報の有用性の高まり」から「官民や地域の枠を超えたデータ利活用が活発化」している一方、「現行法制の縦割りに起因する規制の不均衡や不整合（法の所管が分かれていることに起因する解釈上の不均衡や不整合を含む）がデータ利活用の支障」となることから、この「不均衡や不整合を可能な限り是正する」との理由が指摘されます。

第2に、デジタル庁の創設、「情報システムの標準化・共通化」、「教育、医療、防災等の各分野における官民データ連携等の各種施策」といった形でデジタル化を「強力に実施していくこと」について、「国民の理解を得るため」に、「個人の権利利益を引き続き十全に保護することが不可欠」で、そのため「公的部門・民間部門の別を問わない新たな監視監督体制の確立が必要」との理由を挙げます。

第3に、EUデータ保護規則（以下、「GDPR」とする）第45条に基づくデータ越境移転に関する十分制認定（以下、「十分制認定」とする）等への対応に向け、「独立規制機関である個人情報保護委員会が我が国の個人情報保護法制全体を一元的に所管する」ためとされます。GDPRの十分制認定とは、欧州委員会が、EU外の第三国が個人データに関

20　個人情報保護制度の見直しに関する検討会「個人情報保護制度の見直しに関する最終報告」（2020年12月）4-5頁、32-33頁。

して十分な保護水準を持っているということを認定するものです。この認定を受けることによって、個人データのEU域外への移転に関して個別の許可等の必要がなくなるものとされています[21]。

そして第4に、この改正に最も大きな影響を与えたと思われるのが、いわゆる個人情報保護条例の「2000個問題」です。経済団体や情報法学の立場からこのような問題提起がなされてきており[22]、「個人情報保護制度の見直しに関するタスクフォース」の「最終報告」においても以下のような指摘がされます。すなわち都道府県や市区町村、一部事務組合など地方公共団体ごとに個人情報保護条例が置かれていることについて、「地方公共団体ごとの条例の規定や運用の相違がデータ流通の支障となり得る」こと、また「条例がないなど求められる保護水準を満たさない地方公共団体がある」こと、「データ利活用を円滑化するためのルールや運用の統一を求める声が主として民間サイドから」出ていること、さらに医療分野や学術分野において自治体ごとのルール不統一により「円滑な共同事業の妨げ」になっていること、公衆衛生や災害対応の場面で生じる課題に迅速に対応する必要などから、地方公共団体等における個人情報の取扱いについて一定のルールや運用の統一を図ることが指摘されてきました[23]。

2）改正の経緯

2015年個法の附則12条においては、個人情報の保護に関する国際的動向、情報通信技術の進展等をふまえ施行後3年を目途として「所与の措置を講ずる」とするいわゆる3年ごとの見直し（3項）に加え、

21　小向太郎・石井夏生利『概説GDPR』（NTT出版、2019年）41頁以下参照。

22　日本経済団体連合会「ポストコロナにおけるデジタルエコノミー政策のあり方」（https://www.keidanren.or.jp/policy/2020/125_honbun.pdf、2021年12月5日閲覧）、鈴木正朝「わが国の個人情報保護法制の立法的課題」総務省パーソナルデータの利用・流通に関する研究会（第4回）プレゼンテーション資料（https://www.soumu.go.jp/main_content/000196107.pdf、2021年12月5日閲覧）、湯浅墾道「個人情報保護法改正の課題」『情報セキュリティ総合科学』第6号（2014年）53頁以下等参照。

23　TF、前掲「最終報告」、32-33頁。

同条第6項において、新個人情報保護法の施行の状況、同条第1項の措置の実施の状況その他の状況を踏まえ、「新個人情報保護法第2条1項に規定する個人情報及び行政機関等保有個人情報に関する規定を集約し、一体的に規定することを含め、個人情報の保護に関する法制の在り方について検討するもの」とされていました。このこともあり2019年12月25日、内閣官房副長官補を議長として、内閣官房の審議官、個情委の事務局長、総務省行政管理局長や自治行政局長等で構成される「個人情報保護制度の見直しに関するタスクフォース」（以下、「TF」とする）が設置され見直しに向けた議論が行われることになりました。より具体的な議論はTFに設置された「個人情報保護制度の見直しに関する検討会」（以下、「検討会」とする）[24]で行われ、2020年8月には検討会の中間整理案、同年12月17日第11回の検討会では「個人情報保護制度の見直しに関する最終報告」が示されました。この内容を実質的に受け継ぎ、TFにおいても、2020年12月23日、「個人情報保護制度の見直しに関する最終報告」（以下、「最終報告」とする）が決定されました。

年が明けて2021年2月9日、第204回通常国会において、IT総合戦略室が担当となり、内閣提出法として整備法案が提出されました。同法第50条においては国の個人情報に関する法律を一本化するための案が、同法第51条においては自治体の個人情報保護条例を一本化する等の案が示され、2021年4月6日に衆議院、同年5月12日に参議院でそれぞれ可決成立しました。

この改正によって、行政機関個人情報保護法や独立行政法人等個人情報保護法が整備法附則第2条によって廃止され、「行政機関等」（改正個法第2条11項）として、国の行政機関、地方公共団体の機関、独

24　高橋滋教授（行政法学）を座長として、情報法学の専門家、経団連専務理事、弁護士等10名の委員で構成される会議体。

図表1　2021年改正前後の個人情報保護法制

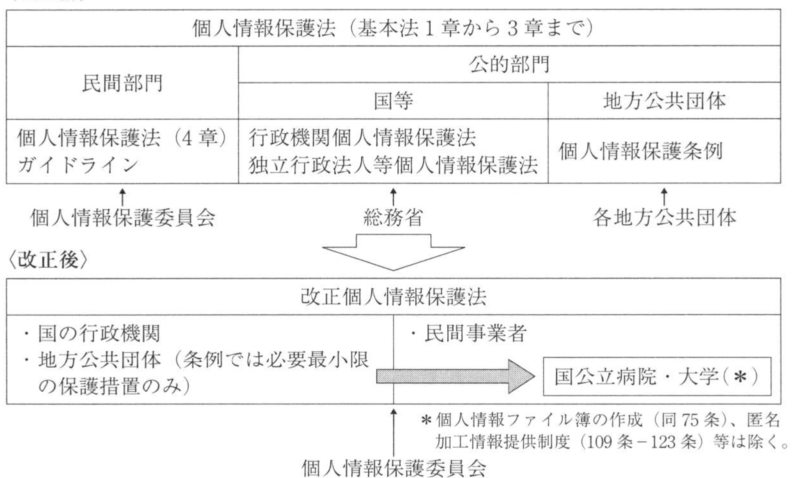

立行政法人等、地方独立行政法人も改正後の個人情報保護法の規律の対象となります。従来は基本法部分（個法第1章から第3章）については一つの法律において公的部門も民間部門も対象とするオムニバス方式を採用し、一般法部分（第4章）等は公的部門と民間部門とで別の法制度を利用するというセグメント方式を利用するという併用型・折衷型の規制方式をとっていました[25]。この点2021年の改正個法では、オムニバス方式がとられることとなりました。さらに監督機関について、改正前は民間部門の個人情報保護及び公的部門も含めた加工情報の管理については個情委が監督権限を持ち、他方で国等については総務省、地方公共団体については各地方公共団体がそれぞれ監督していましたが、改正後は個情委が一元的に監督する形がとられました（**図表1**参照）。なお、地方議会に関しては、改正個法の対象からは除かれています。これは行個法の対象から国会や裁判所が外れていることとの整合

25　宇賀克也『個人情報保護法の逐条解説（第6版）』（有斐閣、2018年）26頁。

性をとるため、また、議会の自律的措置を講じることが望まれるためとされています[26]。

3）自治体の個人情報保護制度に関する改正について

整備法51条の施行は、公布の日から起算して2年を超えない範囲内、すなわち2023年5月12日までの政令で定める日までに施行されることとなります（附則1条7号）。国の行政機関等と異なり、自治体の条例が整備法の施行により廃止される、との規定は置かれていないので、自治体自らがその改廃を行うことが想定されています。この点に関しては当時の平井デジタル担当大臣が、既存の自治体の条例は改正法の施行までに「一旦リセット」していただく、との発言もありましたが、地方が条例で積み上げてきた仕組みを「リセット」することが許されるのかは改めて検討する必要があります。

TF「最終報告」では、上記「改正の理由」で述べた課題に対応するためには「全ての地方公共団体等に適用される全国的な共通ルールを法律で規定」することが「効果的」で「適当」としています。さらに改正後の個人情報の取扱いについては、一般的に、あるいは行政分野ごとにガイドラインを設けること、そして、そのような事務は「全国的に統一して定めることが望ましい…地方自治に関する基本的な準則に関する事務」（地方自治法第1条の2第2項）として「国が担うべき役割」であるとしています[27]。

他方でTF「最終報告」は、自治体が独自に地域の課題に対応するために、「法律の範囲内で必要最小限の独自の保護措置を講じること」も否定されるべきではないとし、改正個法上、明文でもって、条例制定「可能」な部分を示しています（**図表2**参照）。

なお、自治体の条例制定に関してTF「最終報告」では、「共通ルー

26　TF、前掲「最終報告」、35頁。高知市のように議会個人情報保護条例を設ける場合や、長を対象とする条例に組み込む場合などが考えられます。

27　TF、前掲「最終報告」、33-34頁。

図表2　改正個法上、条例化することを明文で認めた規定

明文化された項目	条文（改正個法）	内容
手数料	第89条2項 第119条3・4項	開示請求等手数料額 行政機関等匿名加工情報等の手数料額
条例要配慮個人情報	第60条5項	要配慮個人情報の追加
個人情報ファイル簿の例外	第75条5項	個人情報取扱簿等導入判断
不開示事由	第78条2項	情報公開条例との整合性の観点から不開示事由の調整
審査請求の特例	第107条2項	審査請求につき行審法4条の特例
開示請求手続	第108条	開示、訂正、利用停止、審査請求手続の追加
審議会への諮問事項	第129条	審議会諮問事項に関する規定の追加

ルよりも保護の水準を下げる」規定は認められないが、保護水準を高める規定を置くことは、必ずしも否定されるものではない、としました。ただし「個人情報の有用性に配慮」も必要であるため、「特にそのような措置を講ずる必要がある場合に限る」ものとしています[28]。「特に」必要がないと条例制定できないのかという点は疑問があり、さらに個情委による「公的部門（国の行政機関等・地方公共団体等）における個人情報保護の規律の考え方」（以下、「規律の考え方」とする）においては、TFの考え方よりも厳しく条例制定を規制する考え方も示されています。このような条例制定権を制約するかのような議論は大きな論点ですので、項を改めて指摘することとします。

⑵　既存の条例と改正個法との相違点

改正個法の制定によって個人情報保護等に向けた規律は一元化されることになりますが、具体的にはどのような点が変更されるのでしょうか。ここでは、従来各自治体の個人情報保護条例において具体的に規律されてきた主要な内容を確認するとともに、その規律が改正法でどのように変更されることとなるのか、またその変更に伴う若干の論

28　TF、前掲「最終報告」、39-40頁。

点を確認してみます。結論から申し上げますと、改正個法は、一部を除けば、自治体の既存の個人情報保護に関する条例の規律を大きく緩和する方向での改正となっており、この点についての評価が重要となってくるように思われます。以下、個別に検討してみたいと思います。

1）個人情報の定義等

〈個人情報の定義の統一〉

改正個法では「個人情報」の定義が民間部門と公的部門とで統一され、民間企業を規制するための、改正前の個法上の「個人情報」概念に合わせる形での統一がなされました。

（定義）
第二条　この法律において「個人情報」とは、生存する個人に関する情報であって、次の各号のいずれかに該当するものをいう。
一　当該情報に含まれる氏名、生年月日その他の記述等（文書、図画若しくは電磁的記録（電磁的方式（電子的方式、磁気的方式その他人の知覚によっては認識することができない方式をいう。次項第二号において同じ。）で作られる記録をいう。以下同じ。）に記載され、若しくは記録され、又は音声、動作その他の方法を用いて表された一切の事項（個人識別符号を除く。）をいう。以下同じ。）により特定の個人を識別することができるもの（他の情報と容易に照合することができ、それにより特定の個人を識別することができることとなるものを含む。）
二　個人識別符号が含まれるもの　（下線部は筆者）

すなわち「個人情報」の定義については、従来からその情報のみで個人と識別できるかという基準だけではなく「他の情報」と照合することにより当該個人と識別できるかも基準となっていました。「モザイクアプローチ」といわれるこの基準に関しては、改正前の個法も改正個法でも、いわゆる容易照合要件がついています[29]。そのためこの場合「容易に」照合できなければ「個人情報」とならないことから、比較的個人情報の概念が狭いことになります。これに対して行個法上の

29　個法第２条１項１号「特定の個人を識別することができるもの（他の情報と容易に照合することができ、それにより特定の個人を識別することができることとなるものを含む。）」。

図表3　2021年個法改正前の個人情報の定義

民　間	行政（国の機関、多くの自治体）
容易照合性あり（容易に照合でき識別できるものを個人情報） ↓ 「個人情報」の範囲が狭い	容易照合性なし（「容易に」ではなくとも照合し、識別できるものを個人情報） ↓ 「個人情報」の範囲が広い

「個人情報」や多くの自治体の条例（都道府県では46団体（97.9％）、市区町村では1542団体（88.6％）[30]）上の「個人情報」の概念は、容易照合要件がついていません。したがってこの場合、比較的「個人情報」の概念は広いことになります（**図表3**参照）。なぜ、このような違いを設けたかというと、民間企業の場合は営業の自由があるため過度に広範な規制を避ける観点から「個人情報」の範囲を限定しているのに対して、行政機関の場合は、公権力によって個人情報を取得することができ行政に広範な個人情報保護の義務を果たすために、「個人情報」の範囲を広く設定しているからです[31]。

条例の多くの定義は容易照合性要件がない状況であったものが、2021年個法改正により容易照合性要件が含まれることとなります。このような改正をした理由について、TF「最終報告」では、改正しても従前とは変わらないから、との理解があります。すなわち、現行の「行個法等における個人情報の定義が照合の容易性を要件としていない結果として、行政機関においては個人の識別のために他の行政機関への照会を要する情報についても個人情報として取り扱う必要があるとの理解がある」が、「行政機関は、全体が内閣の統轄の下にある一体の組織であるから…、そのような情報は、一元化後の定義においても、容易照合可能性があるものとして、引き続き個人情報に該当すると考えられる」と指摘します[32]。

30　総務省自治行政局「地方自治情報管理概要」（2020年3月）38頁。
31　宇賀克也、前掲『個人情報保護法の逐条解説（第6版）』、39頁。
32　TF、前掲「最終報告」、21頁。その後国会審議において、容易照合可能性と照合可能性のただこのような理解に対しては、公的部門には民間と異なる基準を適用するので「個人情報」の範囲は従前と異ならないという意味なのか、民間部門と同じ基準を適用するが、行政機関としての性質から結果的に「個人情報」の範囲は従前と変わらないという意味なのか不明であるとの指摘があります[33]。

また仮にこのような解釈をとるとしても、公的部門の範囲として独立行政法人等との関係でも一定の手続きを踏めば照合できる場合には、「容易に」照合できると評価し得るとすべきかどうかも論点となります[34]。近年のIT化・デジタル化の進展を踏まえ情報連携や検索等の容易化が進展するとしますと、「容易に」照合可能な範囲も拡大する可能性があるものと思われます。

〈条例要配慮個人情報〉

2021年の改正前後を問わず、個法上、また行個法上、要配慮個人情報として、「人種、信条、社会的身分、病歴、犯罪の経歴、犯罪により害を被った事実その他本人に対する不当な差別、偏見その他の不利益が生じないようにその取扱いに特に配慮を要するものとして政令で定める記述等が含まれる個人情報」（第2条3項）が規定されています。その「政令で定める記述」としては、障害、健康診断等の検査内容、健康診断等に基づく医師等による指導、診療、調剤、本人を被疑者・被告人として刑事手続が行われた事実、少年の保護事件の手続きが行われた事実などが示されています（個人情報の保護に関する法律施

「差分」としては、「匿名加工情報」「外部から取得した仮名加工情報」「提供元では個人を識別できないが提供先で個人を識別可能となる情報」の三つが想定できるとして改正前後の「個人情報」に差が出ることを認めつつ、これらについては識別禁止義務等の規制がかかるので、個人情報の保護水準は低下しないと、説明されています（衆議院内閣委員会（2021年3月19日）（時澤忠発言部分））。しかし、これでは保護水準の低下のおそれがあり、自治体としては従来通りの考え方でとらえるべきとの指摘がされています（宇賀克也編著『自治体職員のための個人情報保護法改正』（第一法規、2021年）132-134頁（高野祥一執筆））。

33　村上裕章「個人情報保護法改正と情報公開制度」『ジュリスト』1561号60-61頁。

34　成原慧「個人情報保護法制の官民一元化に向けた検討状況と課題」『法政研究』87巻3号（九州大学法政学会、2020年）252-254頁。

行令第2条各号)。

> 第二条　3　この法律において「要配慮個人情報」とは、本人の人種、信条、社会的身分、病歴、犯罪の経歴、犯罪により害を被った事実その他本人に対する不当な差別、偏見その他の不利益が生じないようにその取扱いに特に配慮を要するものとして政令で定める記述等が含まれる個人情報をいう。

さてこれまで、自治体の条例においては上記以外にも、支持政党、民族、LGBTに関する事項、遺伝子に関する情報、生活保護の受給、成年後見人、被保佐人、被補助人、一定の地域の出身である事実といった情報が、「要配慮個人情報」として規定されてきました[35]。これらの情報については、改正個法60条5項において「地域の特性その他の事情に応じて」条例要配慮個人情報として規定することが確認されています。

> 第六十条　5　この章において「条例要配慮個人情報」とは、地方公共団体の機関又は地方独立行政法人が保有する個人情報(要配慮個人情報を除く。)のうち、地域の特性その他の事情に応じて、本人に対する不当な差別、偏見その他の不利益が生じないようにその取扱いに特に配慮を要するものとして地方公共団体が条例で定める記述等が含まれる個人情報をいう。

ただ、条例で新たに要配慮個人情報を定めても、取得制限等に関する規定を条例に置くことは「許容されない」(個情委「規律の考え方」)とされています。この点は「2) 個人情報の取扱い」で検討します。

〈死者情報〉

改正個法は、「生存する個人に関する情報」を「個人情報」としており(改正個法第2条)、死者情報については規定していません。これに対して都道府県で30団体(63.8%)、市区町村で999団体(57.4%)の自治体が、死者に関する情報について規定を置いています[36]。この点も自治体と違いがある部分となっています。条例で死者情報について

35　個人情報保護委員会事務局「個人情報保護条例に係る実態調査結果〈資料編〉」(2020年)9-11頁。
36　総務省自治行政局、前掲「地方自治情報管理概要」、38頁。

規定していなくても、判例上、生存する請求者本人の情報と同視できるか、といった観点から死者の情報を開示することも認められています（名古屋高金沢支判 2004（平成 16）年 4 月 19 日）。ただ、生存する本人の情報といえるかについて、相続等の場面で判断が分かれトラブルになることもあることから、自治体の中には、条例の中で死者の情報を開示できる者を明文で定めているものがあります（例. 吹田市個人情報保護条例第 14 条 3、4 項）。自治体が自らの事務対応を行う際に必要な事項として個別に積み上げてきた点の一つが、この死者情報についての規定です。さらにこのようなルールが明文で定められていなくても、個人情報保護審査会などで議論を行い対応するような運用を行ってきた自治体もあります。

この点 TF は、条例で死者情報を規律することについては「許容」されるとしていましたが[37]、その後の個情委の「規律の考え方」においては、「令和 3 年改正法の個人情報保護に関する全国共通ルールを法律で定めるという目的に鑑み」て「許容されない」としています。条例制定権という観点からみて疑問のある点と思われます。

2）個人情報の取扱い

〈本人からの直接収集規定〉

個人情報の収集については、多くの自治体が本人からの直接収集規定を置いています（例. 名古屋市個人情報保護条例 8 条 2 項）。しかし、2021 年の改正個法においては、本人から直接収集を定める規定は置かれていません。TF「最終報告」によると、その意図としては、本人からの直接収集規定を置く自治体の条例においても、「本人以外からの取得を全面的に禁止する例」はないこと、「法令・条例に定める所掌事務の遂行に必要な場合等を例外とするものである」ことから、個人情報の不適正取得禁止規定の中にその趣旨は「含まれる」という理由のよ

37　TF、前掲「最終報告」、41 頁。

うです。[38]

しかし、本人からの直接取得が可能なのにそれをしない対応が常態化することで市民の信頼が損なわれる可能性があること、自治体の職員自身が本人から個人情報を取得して必要な範囲内で利用するという市民目線の事務遂行から遠ざかってしまうことなどから、地方自治の基礎が傷つきかねないとの厳しい批判があります。[39]

〈要配慮個人情報等の取得制限規定〉

次に要配慮個人情報についての取得制限規定についてです。この点も都道府県で45団体（95.7%）、市区町村で1644団体（94.4%）という多くの自治体が何らかの取得制限規定を置いています。[40] しかし、改正個法においてはこのような取得制限規定は置かれていません。その意図としてTF「最終報告」では、個人情報の保有は、法令の定める所掌事務の遂行に必要な場合に利用目的の達成に必要な範囲内でのみ認められており（行個法3条1項、改正個法61条1項）、それは取得制限規定がある条例上要配慮個人情報等の個人情報を保有できる範囲とは「概ね同様であると考えられ」ることを指摘しています。[41] 先ほどの、改正個法では本人から直接収集するという規定を置かないことの理由と同じで、TF等では、すでに運用されてきた行個法の規定の中に「含まれる」ので条例による規律は必要ない、という論理が使われています。ただそうであれば2021年改正後も、自治体の条例で直接収集規定や取得制限規定を置くことは、法令の目的や効果を阻害しないと思われます。

さて個情委の「規律の考え方」においては、この点についてさらに

38　TF、前掲「最終報告」、36頁。
39　犬塚克「一自治体の現場からみた改正個人情報保護法の課題」『自治実務セミナー』2021年9月号16頁。
40　総務省自治行政局、前掲「地方自治情報管理概要」、42頁。
41　TF、前掲「最終報告」、36頁。

踏み込んでおり、改正個法60条5項により条例要配慮個人情報を追加することは可能であるが、「令和3年改正法の個人情報保護に関する全国共通ルールを法律で定めるという目的に鑑み、法の規律を超えて、地方公共団体による取得や提供等に関する独自の規律を追加すること」は「許容されない」としています。法の目的が、個人情報保護という目的から「全国共通ルールを法律で定める」という目的へと変化しており、地方自治を制限する指摘がされています。自治体は国に比して多くの要配慮個人情報を取扱っています。これまで自治体は条例に明示的な取得制限規定を置いて職員自身が安易な取扱いをしないよう縛りをかけてきましたが、この考え方ですとそれもなし崩しとなる可能性があります。

〈利用及び提供の制限〉

個人情報の目的外利用や外部提供についても、自治体の条例では、原則不可規定を置き、例外事項を比較的細かく条例で規定してきました[42]。また目的外利用等の可否について、個々の案件ごとに個人情報保護審査会等の議を経て対応したり（例. 多治見市）、あるいは類型化して対応したりする例（例. 千葉市など）もありました。自治体は、条例でその内容を具体化するとともにより慎重な手続で対応してきたと評価できます。

しかし改正個法第69条では、行個法上の規定（第8条）をほぼそのまま利用しています。内部利用や外部提供をする場合の「相当の理由があるとき」の解釈については今後ガイドライン等で示されることとなると思われますが、住民にとってどこまで理解が得られるようなものとなるかは注視する必要があります。

> （利用及び提供の制限）
> 第六十九条　行政機関の長等は、法令に基づく場合を除き、利用目的以外

42　総務省自治行政局、前掲「地方自治情報管理概要」、44頁。

の目的のために保有個人情報を自ら利用し、又は提供してはならない。
2　前項の規定にかかわらず、行政機関の長等は、次の各号のいずれかに該当すると認めるときは、利用目的以外の目的のために保有個人情報を自ら利用し、又は提供することができる。ただし、保有個人情報を利用目的以外の目的のために自ら利用し、又は提供することによって、本人又は第三者の権利利益を不当に侵害するおそれがあると認められるときは、この限りでない。
一　本人の同意があるとき、又は本人に提供するとき。
二　行政機関等が法令の定める所掌事務又は業務の遂行に必要な限度で保有個人情報を内部で利用する場合であって、当該保有個人情報を利用することについて相当の理由があるとき。
三　他の行政機関、独立行政法人等、地方公共団体の機関又は地方独立行政法人に保有個人情報を提供する場合において、保有個人情報の提供を受ける者が、法令の定める事務又は業務の遂行に必要な限度で提供に係る個人情報を利用し、かつ、当該個人情報を利用することについて相当の理由があるとき。
四　前三号に掲げる場合のほか、専ら統計の作成又は学術研究の目的のために保有個人情報を提供するとき、本人以外の者に提供することが明らかに本人の利益になるとき、その他保有個人情報を提供することについて特別の理由があるとき。
3　前項の規定は、保有個人情報の利用又は提供を制限する他の法令の規定の適用を妨げるものではない。
4　行政機関の長等は、個人の権利利益を保護するため特に必要があると認めるときは、保有個人情報の利用目的以外の目的のための行政機関等の内部における利用を特定の部局若しくは機関又は職員に限るものとする。

〈個人情報ファイル簿の例外〉

「個人情報ファイル簿」（改正個法第75条1項）とは、行個法第11条の「個人情報保護ファイル簿」を念頭に置いておかれているものです。

（個人情報ファイル簿の作成及び公表）
第七十五条　行政機関の長等は、政令で定めるところにより、当該行政機関の長等の属する行政機関等が保有している個人情報ファイルについて、それぞれ前条第一項第一号から第七号まで、第九号及び第十号に掲げる事項その他政令で定める事項を記載した帳簿（以下この章において「個人情報ファイル簿」という。）を作成し、公表しなければならない。
2～4（略）
5　前各項の規定は、地方公共団体の機関又は地方独立行政法人が、条例

> で定めるところにより、個人情報ファイル簿とは別の個人情報の保有の状況に関する事項を記載した帳簿を作成し、公表することを妨げるものではない。

すなわち、「個人情報ファイル簿」とは、各団体における個人情報の保有状況を公表すること又は個人情報の本人が非識別加工情報の提案対象となる個人情報ファイルを知り、事業者が円滑に提案のための準備作業を行うことができるようにすることを目的として、個人情報を含む情報の集合物（データベース等）を単位として作成する帳簿等であって、それぞれ情報の集合物の利用目的、記録項目、記録範囲、収集方法等について規定しているものをいいます。改正個法第75条1項では、これを「作成、公表しなければならない」、としています。2020年3月現在、都道府県で4団体（8.5%）、市区町村で535団体（30.7%）が作成しています。

これに対して多くの自治体が利用しているのが「個人情報取扱事務登録簿等」です。これは上記の個人情報の保有状況を公表することを目的として作成された帳簿で個人情報ファイル簿以外のものを言い、散在情報や本人の数が1000人未満の情報も含まれるものです。2020年3月現在、都道府県で44団体（93.6%）、市区町村で1422団体（81.7%）が作成しています[43]。

改正個法第75条5項では、条例で定めるところにより、個人情報ファイル簿とは別の帳簿すなわち個人情報取扱事務登録簿等も作成、公表することができるとしています。ただ条例で、個人情報取扱事務登録簿等を設けることを規定したとしても、個人情報ファイル簿を作成・公表することそのものは変わりがないとされています[44]。

43　総務省自治行政局、前掲「地方自治情報管理概要」、40頁。
44　宇賀克也編著、前掲『自治体職員のための個人情報保護法改正』、170頁（髙野祥一執筆）。

3）開示、訂正、利用停止の請求

〈開示等請求や審査請求〉

利用停止請求規定を条例上保有していない自治体が51団体あるといわれており[45]、個人情報保護という側面からすると、これらの自治体に対して改正個法を適用することは個人情報保護の充実と評価することができます。しかしそれ以外の点に関しては、改正個法に基づく開示等請求やその決定、審査請求については各自治体の機関に対して行うこととされており、これまでの条例上の仕組みとは大きな変更はないものと思われます。一部、審査請求を行う行政庁について条例で変更することが可能とされていたり（改正個法第107条2項）、開示請求における不開示情報に関して、情報公開条例との平仄をあわせる観点から条例で規定を置くことができるとされています（改正個法第78条2項）。

> （保有個人情報の開示義務）
> 第七十八条　2　行政機関の長等は、開示請求があったときは、開示請求に係る保有個人情報に次の各号に掲げる情報（情報公開条例の規定により開示することとされている情報として条例で定めるものを除く。）又は行政機関情報公開法第五条に規定する不開示情報に準ずる情報であって情報公開条例において開示しないこととされているもののうち当該情報公開条例との整合性を確保するために不開示とする必要があるものとして条例で定めるもの（以下この節において「不開示情報」という。）のいずれかが含まれている場合を除き、開示請求者に対し、当該保有個人情報を開示しなければならない。
> （←　第78条2項を踏まえて、78条1項を読み替えたあとの規定（筆者注））
> （第三者からの審査請求を棄却する場合等における手続等）
> 第百七条　2　開示決定等、訂正決定等、利用停止決定等又は開示請求、訂正請求若しくは利用停止請求に係る不作為についての審査請求については、政令（地方公共団体の機関又は地方独立行政法人にあっては、条例）で定めるところにより、行政不服審査法第四条の規定の特例を設けることができる。

なお、改正個法第108条においては、第4節の規定（「開示、訂正及び

45　総務省自治行政局「地方公共団体の個人情報保護制度に関する法制化について（素案）」（2020年10月）7頁。

利用停止」）については、「地方公共団体が、保有個人情報の開示、訂正及び利用停止の手続並びに審査請求の手続に関する事項について、この節の規定に反しない限り、条例で必要な規定を定めることを妨げるものではない」としています。「この節の規定に反しない限り」の意義が問題になると思われます。

> 第百八条　この節の規定は、地方公共団体が、保有個人情報の開示、訂正及び利用停止の手続並びに審査請求の手続に関する事項について、この節の規定に反しない限り、条例で必要な規定を定めることを妨げるものではない。

この点、改正個法では、訂正請求を行う場合に、開示請求を先に経ておかなければならないとする「開示請求前置主義」がとられています（改正個法第90条1項）。この点自治体によっては、開示請求を行っていなくても訂正請求を行うことができる仕組みを設けている自治体もあります（例．大津市）。改正個法の下でも、条例においてこのような仕組みを設けることについては、訂正請求者が入手した個人情報が最新のものでない可能性があること、また請求者が別の保有個人情報と誤認している場合なども想定され、制度の安定的効率的運用の観点から、「開示請求前置主義」をとすべきとの意見があります[46]。後述の手数料の問題も加味しますとそのような整理もあり得ますが、他方で、最新の個人情報の請求ではない場合や誤認の場合においても訂正請求の中でしかるべき対応を行なえば解決可能であること、請求者に二回の請求を要求するという「負担」を避けること、これまでも大きな問題は指摘されていないことなどから、独自の規律について柔軟に解してもよいようにも思われます。

> （訂正請求権）
> 第九十条　何人も、自己を本人とする保有個人情報（次に掲げるものに限

46　宇賀克也編著、前掲『自治体職員のための個人情報保護法改正』、195頁（高野祥一執筆）。

る。第九十八条第一項において同じ。）の内容が事実でないと思料するときは、この法律の定めるところにより、当該保有個人情報を保有する行政機関の長等に対し、当該保有個人情報の訂正（追加又は削除を含む。以下この節において同じ。）を請求することができる。ただし、当該保有個人情報の訂正に関して他の法令の規定により特別の手続が定められているときは、この限りでない。

一　開示決定に基づき開示を受けた保有個人情報

二　開示決定に係る保有個人情報であって、第八十八条第一項の他の法令の規定により開示を受けたもの

〈手数料〉

改正個法第89条においては、「地方公共団体の機関に対し開示請求をする者は、条例で定めるところにより、実費の範囲内において、条例で定める額の手数料を納めなければならない」としています。

（手数料）

第八十九条　2　地方公共団体の機関に対し開示請求をする者は、条例で定めるところにより、実費の範囲内において条例で定める額の手数料を納めなければならない。

3　前二項の手数料の額を定めるに当たっては、できる限り利用しやすい額とするよう配慮しなければならない。

手数料については従来「開示請求手数料」と「開示実施手数料」とに分けられ、ここではいわゆる「開示請求手数料」を規定するものですが、多くの自治体においては開示請求手数料については設けておらず、改正個法によってこの部分が変わることとなります。制度の利用者住民にとっては大きな問題であり、改正個法第89条3項が「できる限り利用しやすい額とするよう配慮しなければならない」とする観点からしますと、開示請求手数料を無料とすることもあり得ます。また改正個法では「手数料」という表現が使われているため、条例でこれを定めなければなりません（地方自治法第228条1項）。[47]

47　同上、232-234頁。なお行政機関等匿名加工情報についても、実費を勘案し政令で定めるものを踏まえながら決定するものとされています（改正個法第119条3項、4項）。

〈任意代理〉

改正個法では任意代理の規定が導入されています（改正個法第76条2項、第90条2項、第98条2項）。

> （開示請求権）
> 第七十六条　何人も、この法律の定めるところにより、行政機関の長等に対し、当該行政機関の長等の属する行政機関等の保有する自己を本人とする保有個人情報の開示を請求することができる。

特定個人情報に関してはこれまでも任意代理は認められてきましたが（番号法第30条における行個法第12条第2項の読み替え規定等参照）、行個法では認められていません。これについて従来の自治体の対応は様々で、任意代理を認めていない自治体（名古屋市等）、負傷や疾病による入院、外国出張、身体障碍等の理由により請求手続きを行うことが困難な場合に認めるとする自治体（川崎市個人情報保護条例第16条2項）、弁護士等の士業に任意代理を認める規定を置く自治体（神戸市個人情報保護条例第15条2項）などがあります。いわゆる「なりすまし」対策が適切に行われるかどうかが問題となります。

なお、特定個人情報については、本人確認の書類として運転免許証、パスポート、国民健康保険の被保険者証等が必要とされ、また任意代理人の資格の証明のためには委任状、印鑑登録証明書又は委任者の運転免許証等本人に対し一つに限り発行される書類のコピーを付ける必要があります[48]。仮に、これらと同様のものを要求する形で本人確認事務を行うこととなった場合、従来の確認方法とは大きく異なる自治体も出てくることとなります。改正個法108条に基づいて条例で任意代理人を認めないと定めることについては、法で定める開示請求者の範囲を狭めることにつながるので認められないとする見解もありますが[49]、

48　法務省ウェブサイト「開示請求等において必要となる本人等確認書類」（https://www.moj.go.jp/hisho/bunsho/disclose_disclose05-02.html、2021年12月5日閲覧）。
49　宇賀克也編著、前掲『自治体職員のための個人情報保護法改正』、173頁（髙野祥一執筆）。

本人確認に関する事務の状況は自治体ごとに異なります。任意代理制度を未導入の自治体は、任意代理に関する経験も少ない中で、なりすまし被害を防ぐことが可能なのかは注視する必要があります。

4）行政機関等匿名加工情報

既にみたように2015年個法においては「個人情報の有用性に配慮」しつつ利活用を促進する考え方が示されており、「匿名加工情報」の概念が導入されていました（2015年個法第2条9項）。他方、2016年に改正された行個法においても同様の観点からの加工情報の概念として「非識別加工情報」の概念が導入されました（行個法第2条8項）。いずれも個人情報を加工して得られる個人に関する情報で、当該個人情報を復元できないようにしたものという点では同じです。異なる点は、「匿名加工情報」については他の情報との照合が法律上禁止されています（2015年個法第36条5項）が、「非識別加工情報」についてはこの照合禁止義務はありません。したがって「非識別加工情報」は他の情報との照合が可能ですので、照合した結果個人を識別可能な場合、「非識別加工情報」は「個人情報」とされることがあります。これに対して「匿名加工情報」は「個人情報」ではありません。

このように公的部門と民間部門とで個人情報や加工情報についての定義が異なることは、「国民の目から見て極めて分かりにくい」ことや「円滑なデータ流通の妨げになる」ことから[50]、改正個法においては既述のように個人情報の定義が統一され、また加工情報を再識別化するための照合が禁止されるとともに、安全管理措置が規定されました（改正個法121条）。なお提案募集手続に沿った提供が中心になっている点は、行個法と変わりません。

> （識別行為の禁止等）
> 第百二十一条　行政機関の長等は、行政機関等匿名加工情報を取り扱うに

50　TF、前掲「最終報告」、20頁。

> 当たっては、法令に基づく場合を除き、当該行政機関等匿名加工情報の作成に用いられた個人情報に係る本人を識別するために、当該行政機関等匿名加工情報を他の情報と照合してはならない。
> ２　行政機関の長等は、行政機関等匿名加工情報、第百九条第四項に規定する削除情報及び第百十六条第一項の規定により行った加工の方法に関する情報（以下この条及び次条において「行政機関等匿名加工情報等」という。）の漏えいを防止するために必要なものとして個人情報保護委員会規則で定める基準に従い、行政機関等匿名加工情報等の適切な管理のために必要な措置を講じなければならない。
> ３　前二項の規定は、行政機関等から行政機関等匿名加工情報等の取扱いの委託（二以上の段階にわたる委託を含む。）を受けた者が受託した業務を行う場合について準用する。

さて、国レベルにおける加工情報の利活用政策の推進に対して、これまで自治体は冷ややかな状況でした。例えば、非識別加工情報の作成・提供規定を置いている自治体が、都道府県で２団体（4.3%）、市区町村で５団体（0.3%）となっています[51]。国においても参考事例が少ないこと、加工する技術への不安、自治体側に活用する動機がない、漏えいの場合のリスクなどから規定の整備そのものを敬遠したものと思われます。2021年の改革により、改正個法における行政機関等匿名加工情報に関する規定が直接自治体にも適用されることとなりますが、都道府県、政令指定都市以外の自治体、地方独立行政法人については、経過措置として提案募集を任意で行うこととされています（整備法附則第７条）。

行政機関等匿名加工情報は、既に述べたように「個人情報」ではないため、「個人情報」として行われる規制は外れることとなります。特に、行個法第44条の８第２項では、行政機関非識別加工情報の作成に反対の意思を表示した意見書を提出したときは、意見書を提出した者の保有個人情報については加工する情報の対象からは除かれていましたが、改正個法ではこの規定が削除されております[52]。しかし、自治体

51　総務省自治行政局、前掲「地方自治情報管理概要」、46頁。
52　宇賀克也編著、前掲『自治体職員のための個人情報保護法改正』、173頁（髙野祥一執筆）211-214頁。

の住民の「個人に関する情報」であることに変わりはありません。個人情報保護審議会による利用目的の公益性の審査、匿名加工方法の検討や加工結果のチェック、また提供後の事業者名の公表などの透明性の確保、個人のプライバシーに配慮した対応が自治体には求められますし、そうすることで、市民の理解を得ることにつながるものと言えましょう[53]。この点改正個法は沈黙をしていますので、条例による規律も含めた対応が考えられます[54]。

5）オンライン結合制限

外部の機関とのオンライン結合に関してこれを制限する規定を置く条例を持つ自治体が、都道府県で44団体（93.6%）、市区町村で1631団体（93.7%）と極めて多い状況です。総務省が行った調査においても、オンライン結合制限規定を設けないことについて支障があると答えた団体が、都道府県で32%、市区町村で8%となっています。支障の内容としてオンライン結合はその性質上、通常の提供方法よりもリスクが大きいこと、実施機関のみが判断する場合、客観性が担保できない等の指摘がされています[55]。

オンライン結合制限については、TF「最終報告」においても、合理性を欠く規制であること、またオンライン結合制限規定がなくても安全確保措置を定める行個法第6条や、利用及び提供の制限を定める行個法第8条の規定で十分対応できるものとして、当該規定を設けないこととしました[56]。デジタル改革関連法が予定しているGov-Cloud（ガバメント・クラウド）での情報処理を想定すれば、オンライン結合制限規定などの第三者への提供制限に関するルールの違いがクラウドコンピ

53　犬塚克、前掲「一自治体の現場からみた改正個人情報保護法の課題」、19-21頁。
54　稲葉一将「行政のデジタル化と個人情報保護」白藤博行・自治体問題研究所編、前掲『デジタル化でどうなる暮らしと地方自治』、47-49頁。
55　総務省自治行政局「地方公共団体の個人情報保護制度の在り方検討に関する調査結果」（2020年11月）4頁。
56　TF、前掲「最終報告」、37頁。

ューティングの障壁となってしまうため、このオンライン結合制限規定の撤廃が今般の制度改革の中心であるといった評価があります[57]。個情委の「規律の考え方」でも「条例でオンライン化や電子化を伴う個人情報の取扱いを特に制限することは許容されない」との考え方にもそれが示されています。TF「最終報告」では、情報セキュリティを含めた安全確保措置の在り方や目的外利用・提供の「相当な理由」や「特別な理由」の具体的な判断を助けるためのガイドラインに基づく運用による個人情報の適切な管理の在り方が示されています。個情委への助言を求める形で足りることも想定されていますが[58]、自治体からの問い合わせに個情委がどこまで速やかに回答するのかは気になるところです。

なお個別のオンライン結合に関して、審議会等へ意見を求める手続きを条例化することにつき総務省自治行政局は「条例の規定を設ける必要はなくなるものと考えられるが、地方公共団体における個人情報保護制度の運用やその在り方についての意見聴取は否定されるものではない」としています[59]。個別案件について審議会に意見を聴く手続きは、例外要件該当性と安全管理措置を客観的に確認すること、当該案件が必要な手続きを経た正当なものであることを公にすること、透明性を確保するための手続きであることなどから、住民自治の基礎的な仕組みであると位置付けるべきです[60]。

6)　条例制定時の届出

改正個法第167条においては、条例制定時の個情委への届出義務が規定されています。TF「最終報告」では、個情委への届出をする仕組みについて触れたうえで、「これを受けて個人情報保護委員会は、必要

57　原田大樹、前掲「デジタル時代の地方自治の法的課題」、16頁。
58　総務省自治行政局、前掲「地方公共団体の個人情報保護制度の在り方検討に関する調査結果」、4頁。
59　同上、4頁。
60　犬塚克、前掲「一自治体の現場からみた改正個人情報保護法の課題」、19頁以下。

に応じ、助言等の適切な監視を行うことが適当である」としていました。[61] 個情委が条例制定について「監視」という形で口を出すことは問題があると思われます。

なお、TF「最終報告」のこのような指摘はありましたが、現実に制定された条文を見ますと、「この法律の規定に基づき個人情報の保護に関する条例を定めたとき」（同条１項）とされています。何を届出るのかの点で、改正個法が条例で規律することを明文で認めた部分（既述の**図表２**参照）のみの届出というように限定されているように読め、この部分の「監視」に関しては若干トーンダウンしていると思われます。この届出の仕組みはあくまで通覧性を確保するための規定と理解するべきであり、個情委が条例の在り方に法的拘束力を伴った形で介入することは予定されていません。[62][63]

> （条例を定めたときの届出）
> 第百六十七条　地方公共団体の長は、この法律の規定に基づき個人情報の保護に関する条例を定めたときは、遅滞なく、個人情報保護委員会規則で定めるところにより、その旨及びその内容を委員会に届け出なければならない。
> ２　委員会は、前項の規定による届出があったときは、当該届出に係る事項をインターネットの利用その他適切な方法により公表しなければならない。
> ３　前二項の規定は、第一項の規定による届出に係る事項の変更について準用する。

7）個情委の権限

〈自治体に対する監督権限〉

2021年の改正前の個情委の権限は、民間部門の監督及び番号法に

61　TF、前掲「最終報告」、41頁。

62　原田大樹、前掲「デジタル時代の地方自治の法的課題」、19頁。なお、日弁連オンラインシンポジウム「地方行政のデジタル化に自治体はどう取組むのか」（2021年８月３日）からも多くの知見を得ました。

63　なお、2020年の個法改正により、個人情報取扱事業者については「個人データの漏えい、滅失、既存」等の場合は、個情委に報告する義務があるとされました（2020年改正個法第22条の２第１項）が、改正個法第68条において、民間部門と同様に国の行政機関の長等においても報告義務が課されています。

係る事務、そして行政機関非識別加工情報に関する事務についての権限でした。行政機関非識別加工情報については、官から民へと流通する性質のものであることから官民横断的に監視監督することが適切と考えられたため個情委にその監督権限が委ねられていました。その結果、行政機関等における行政機関非識別加工情報以外の個人情報の取扱いについては、総務大臣に、法の施行状況について報告を求める権限（行個法第49条1項）、資料の提出及び説明を求める権限（同法第50条）、意見を述べる権限（同法第51条）が与えられていたのみであるのに対して、個情委に対しては、行政機関非識別加工情報について、法の施行状況について報告を求める権限（同法第51条の4）、資料の提出及び説明を求め、その職員に実地調査をさせる権限（同法第51条の5）、指導及び助言を行う権限（同法第51条の6）、勧告を行う権限（同法第51条の7）が認められていました。

改正後は民間部門、公的部門問わず、個情委が一元的に監督及び監視を行うこととしています。その考え方としては、上記非識別加工情報について個情委が持つ監視権限を行政機関等における個人情報等の取扱い全般を対象としたものに拡張することが適当、とされていました[64]。これを受けて、2021年の改正個法においては、第6章第2節において「監督及び監視」の規定を置き、公的部門及び民間部門に対する権限を規定しています。民間部門の個人情報取扱事業者等に対しては、報告の求め及び立入検査権限（同法第146条）、指導、助言をする権限（同法第147条）、勧告及び命令権（同法第148条[65]）を定め、この命令に違反した場合には1年以下の懲役または100万円以下の罰金が規定されています（同法第178条）。

64　個人情報保護制度の見直しに関する検討会、前掲「個人情報保護制度の見直しに関する最終報告」、27-28頁。

65　改正個法第148条2項、3項に基づく命令違反の場合には、その旨を公表することができるとされています（同法第148条4項）。

これに対して「行政機関等」に対しては、資料の提出の要求及び実地調査の権限（同法第156条）、指導及び助言をする権限（同法第157条）、勧告権限（同法第158条）、勧告に基づいてとった措置について報告の要求権限（同法第159条）を定めています。

（資料の提出の要求及び実地調査）
第百五十六条　委員会は、前章の規定の円滑な運用を確保するため必要があると認めるときは、行政機関の長等（会計検査院長を除く。以下この款において同じ。）に対し、行政機関等における個人情報等の取扱いに関する事務の実施状況について、資料の提出及び説明を求め、又はその職員に実地調査をさせることができる。
（指導及び助言）
第百五十七条　委員会は、前章の規定の円滑な運用を確保するため必要があると認めるときは、行政機関の長等に対し、行政機関等における個人情報等の取扱いについて、必要な指導及び助言をすることができる。
（勧告）
第百五十八条　委員会は、前章の規定の円滑な運用を確保するため必要があると認めるときは、行政機関の長等に対し、行政機関等における個人情報等の取扱いについて勧告をすることができる。
（勧告に基づいてとった措置についての報告の要求）
第百五十九条　委員会は、前条の規定により行政機関の長等に対し勧告をしたときは、当該行政機関の長等に対し、その勧告に基づいてとった措置について報告を求めることができる。

自治体を含む行政機関等に対しては、民間部門に対して認められた個情委の立入調査権や命令権が規定されていません。このような公権力の行使による監督権限を規定しなかった理由としては、行個法上の監督権限についての説明として「その対象が対等の立場にある他の行政機関であることから、他の制度との均衡を踏まえ」、「罰則による担保のない実地調査」や違反の場合に「罰則が科される命令については規定しない」こととしたことがあり、改正個法においてもそれを踏襲しているものと思われます[66]。

66　個人情報保護制度の見直しに関する検討会、前掲「個人情報保護制度の見直しに関する最終報告」、26頁。

なお個情委が自治体の長に対して監督権を行使する場合には、地方自治法（以下、「地自法」とする）上の「関与」（第245条）にあたります。それは当然必要最小限度（地自法245条の3）となるものでなければなりません[67]。

〈自治体の個人情報保護審査会との関係〉

TF「最終報告」では、2021年改正後も、自治体においては現行の情報公開個人情報保護審査会の機能を基本的に維持しつつ、独立規制機関としての立場から、「特に必要と認める場合には、個別の開示決定等の当否について、行政機関等に対して勧告を行い得ることとするのが適当」との立場を示しています[68]。さらに自治体の審査会と個情委の勧告とで意見が異なる場合の優先については「勧告が尊重される」との指摘も事務局の説明の中で出されています[69]。ただ、情報公開個人情報保護審査会の諮問・答申の内容等を個情委と共有するための手段は規定されていません。また情報公開個人情報保護審査会の合議の秘密を確保する観点から、審査会の意思形成過程までも個情委と共有することは適当でないとしています[70]。

8）小括

このように、2021年個法改正においては、自治体がこれまで条例で積み上げてきた「個人情報の保護」に関する独自の規律を緩和する方向であること、そして個情委が自治体に対しても一定の範囲で監視・

67　なお、個情委、その委員長は「各大臣」ではないので、是正の要求（地自法245条の5）については発出できず、個情委が属する内閣府の長としての内閣総理大臣が「各大臣」として是正の要求をすることが想定されます（巽智彦、前掲「令和三年個人情報保護法改正と地方公共団体」、32頁参照）。ただ、デジタル庁に係る分担管理事務であればともかく、個情委の事務について内閣府の分担管理事務としてこれを自治体に対して行使するのは内閣府設置法に照らして難しいものと思われます。

68　TF、前掲「最終報告」、30-31頁。

69　「第2回個人情報保護制度の見直しに関する検討会　意見の要旨」（2020年5月27日）21頁（事務局発言）。

70　TF、「最終報告」、31頁。

監督を行う仕組みが整えられていることなどが確認できました[71]。自治体の条例上の措置をリセットする理由の説明としては、オンライン結合における規制や要配慮個人情報の取得制限規定に対するTFの「最終報告」や個情委の「規律の考え方」にも見られるように、すでに利活用を目指して改正されてきた行個法や独行個法で行われている規制の仕組みを適用することで足りる、とする見解があるように思われます。また個情委の「規律の考え方」においては、後で見るように「全国的な共通ルールを法律で定めるという2021年改正法の趣旨」という視点から、より踏み込んで自治体の創意工夫による規律の可能性を消しています。その結果として自治体が条例において明文で確保してきた仕組みが削られる方向性となっています。行個法等、国がこれまで行ってきた規制に合わせるような形で自治体の個人情報保護も行うことが求められています。しかし、行個法等で行ってきた規律が、自治体のそれと比較して、個人情報の保護にとってよいものであったのか、疑問に思われます。

2021年改正法におけるこのような改正の経緯、内容、理由等について、以下では、憲法的価値を重視する視点から若干の検討を行いたいと思います。

3　若干の検討

⑴　自治体行政のデジタル化に伴う標準化・統一化への評価

第32次地制調の答申では、人口減少やインフラ・都市の土地の過少利用、技術の進展といった社会の変化、大規模災害や新型コロナウィルス感染症対応といった問題に対応するための課題の一つとして地

71　なお、学術研究機関等に対しては、それまで学術研究は全て適用除外とされてきたものが、「精緻化」という名の下に規律の強化がなされています。EUのGDPRに基づく十分制認定の適用がその理由とされています。TF、前掲「最終報告」18頁では、個情委の監督権は「原則として及ばない」としていますが、例外的に及ぶ可能性が指摘されています。

方行政のデジタル化を挙げ、そのことに向けて、国は、共通して活用可能な基盤やツールの提供、条件不利地域も含めた地域におけるデジタル化に必要なインフラの整備促進を行うこと、地方公共団体の情報システムの標準化を進めることが示されます。さらに「知識・情報の共有による課題解決の可能性を広げ、効果的・効率的にサービスを提供するために」、「組織や地域の枠を越え、官民が協力して、相互のデータ利活用や、アプリケーション開発等の取組を進めることが重要」とし、「個人情報保護に関する規律や国・地方の役割分担のあり方を検討する」にあたり「データ利活用の円滑化に資する方策について積極的」な議論を求めています[72]。その上で情報システムの標準化・統一化、さらには地方公共団体の事務の標準化・統一化も検討されています[73]。

自治体のデータの標準化や統一化、情報システムの標準化といった「規格化」は社会の発展に有意義な側面を持つ一方で、個人の尊重や地方自治といった普遍的な価値との調整をどのようにとるべきかが課題となるものと思われます。例えば基幹系情報システムの標準化がベンダーロックインを防ぎ、コストを削減し、一つのシステムに長期的に縛られることなく自治体に一定の自由を与えるという意義はすでに指摘しました。

他方で、規格化、標準化に関するとくに今般のデジタル改革関連法の内容をみると、デジタル庁の設置や地方公共団体情報システム機構の改革のように、技術的な視点からの改革だけではないようにも思えます。また「形式的な様式」の標準化や統一化などについても事務処理に関する重要な問題であり、「形式的な様式」の問題の中に「実質的な政策判断」が入り込む問題や、それを国が法規命令によって規律す

72　第32次地方制度調査会、前掲「2040年頃から逆算し顕在化する諸課題に対応するために必要な地方行政体制のあり方等に関する答申」、2-9頁。
73　同上、6頁。

ると地方自治の観点からの問題ともなり得ます。[74]

個人の尊重や地方自治といった憲法的価値を脅かすような「規格化」「標準化」が行われているならば、厳しい目線を向けざるを得ません。以下これらの点について考えていきます。

(2) 個人の尊重

〈「個人」と「情報」の分離〉

既にみたように「世界最先端IT国家創造宣言」においては、「世界最高水準のIT利活用社会を実現するに際して、『ヒト』、『モノ』、『カネ』と並んで『情報資源』は新たな経営資源となるもの」とされ、「『情報資源』の活用こそが経済成長をもたらす鍵となり、課題解決にもつながる」としています。[75] さらに、情報通信白書においては、「データは『21世紀の石油』とも言われるように、その利活用が国のあり方とその発展に大きな影響を与えることと」なること、ただし「データを多く集めること自体には必ずしも価値はなく、そこから取り出される様々な意味や知見にこそ価値があ」り、「AIの分析精度向上や様々な領域での活用により新たな価値を生み出すためには、データの量だけではなく、その種類・質が重要であり、多種類（多分野、多サービス）の高品質（高精度、高精細）なデータを大量にもっていることが競争力を左右するだけではなく、イノベーションの源泉にもなる」としています。[76]

このように「個人情報」や「個人データ」は、まさに経済成長をもたらしたりイノベーションの源泉になる鍵となるものとして、その利活用が目指されています。ただそこで議論の中心とされているのは、「個人情報」のうちの「個人」ではなく、「情報」や「データ」といった部分の活用であって「個人」が置き去りにされているように思われ

74　白藤博行、前掲「Democracy 5.0と『地方自治＋α』」、34-35頁。
75　閣議決定「世界最先端IT国家創造宣言」（2013年6月14日）3頁。
76　総務省『情報通信白書平成30年版』（2018年）3頁。

ます。匿名化や仮名化の加工処理を技術的に行ったとしても、活用される情報が「個人に関する情報」であることに変わりありません。外部に流出しなければよいというのではなく、個人が個人らしく存在できるのか否か、個人がいかに加工情報に関わることができるのか、が重要な点であると思われます[77]。

〈個人データの利活用とプライバシー〉

その「情報」や「データ」を利活用して行われるのがAI等を活用したビッグデータの利活用です。官民データ活用推進基本法においては、国・自治体間のみならず民間事業者（「その他の事業者」）との関係でもデータを活用するという方向性が示されています。また、国、自治体、民間事業者の間では「情報記録等開示システム」すなわちマイナポータル（番号法附則6条）を利用した情報連携を行うとともに、「自己情報表示」機能を利用すると自分の個人情報のやり取りの履歴確認をすることができるだけでなく、自己情報についての外部提供も可能で、かつシステム間の連携でWebサービスを提供する事業者が利用可能となっています[78]。デジタル・ガバメント実行計画によると、「マイナポータルで提供する機能を、行政機関だけでなく企業や市民団体等の民間組織に対してもAPIとして提供することで、新たな行政サービス・民間サービスの開発につなげる」ことも指摘されています[79]。さらに、自治体戦略2040構想研究会第二次報告[80]においては、人口減少社会における自治体行政では、労働力が不足するなど経営資源が制約されることを前提に「既存の制度・業務を大胆に再構築する必要がある」ことが述べられ、その上で「すべての自治体の業務の自動化・省力化につ

77　稲葉一将、前掲「行政のデジタル化と個人情報保護」、48頁。

78　マイナポータルについて、本多滝夫「地方行政のデジタル化と地方自治」、本多滝夫・久保貴裕、前掲『自治体DXでどうなる地方自治の「近未来」』、18-22頁参照。

79　閣議決定「デジタル・ガバメント実行計画」（2020年12月25日）77頁。

80　自治体戦略2040構想研究会「自治体戦略2040構想研究会第二次報告」（2018年7月）

ながる破壊的技術（AIやロボティクス、ブロックチェーンなど）を徹底的に使いこなす必要がある」ともしています。

しかし、このような個人データの利活用についてはプロファイリング等についての懸念も指摘されております[81]。①ビッグデータの収集・集積、②AI等による解析、③パターンをデータベースに適用し個人の趣味嗜好等の予測、④予測結果の利用、そして⑤その追跡といった形でのデータの利用が、その性質上プライバシー権と衝突しかねません[82]。

さらに個人情報との関係では、プライバシー権論の重点が、事後的で個別的な行為としての私事の公開やセンシティブ情報の同意なき開示・利用という点だけでなく、情報システムやデータベースの構造等における保有・管理のあり方そのものへと移るという、プライバシー権論の「構造論的展開」も指摘されています[83]。そこでは個人情報を保有することそのもの、またその管理・監督が正しくなされているかといったシステムの構造そのものの検討の重要性も指摘されています。保有することそのものが権利「侵害」となるかどうかも問題になります[84]。これらを踏まえますと、後でみるGDPRにおけるプライバシー保護の仕組みを自治体においてどう展開するかが問われています。

⑶　地方自治（その1）「2000個問題」は「問題」なのか？

次に地方自治の観点から考察してみます。すでにみたように2021年個人情報保護法の改正の主要な理由として、個人情報保護条例が自治体ごとに置かれていることによる「データ流通の支障」の問題が指摘

81　黒田充「マイナンバー制度とプロファイリングされない権利」『自治と分権』84号（2021年）33頁以下、吉田基「近時の個人情報保護制度の動向Ⅱ～プロファイリング、忘れられる権利、SNS規制～」（https://www.sp-network.co.jp/column-report/column/spneye/candr20060.html、2021年12月5日閲覧）など。

82　山本龍彦『AIと憲法』（日本経済新聞出版、2018年）20-21頁。

83　山本龍彦「データベース社会におけるプライバシーと個人情報保護」『プライバシーの権利を考える』（信山社、2017年）47-64頁。

84　さらに最近ではプライバシーの概念について、適正手続（憲法31条）の観点から論じるものもあります（音無知展『プライバシー権の再構成』（有斐閣、2021年）参照）。

されてきました。また、情報法学の立場から、EUのGDPRと相互十分性の認定をした我が国で「地方公共団体の区域の特性に応じ」(2015年個法第5条) た形での個人情報の適正な取扱いの確保のための施策及び実施をどこまで維持するべきか、あるいは「47の都道府県、1700を越える市区町村、その他広域連合等における区域の特性に応じた個人情報の取扱いを必須とする具体の事例はあるのか」との指摘があります。そして「少なくとも『デジタル化された個人情報』(というより処理情報) については、まずはそのルールを国内で統一し、オープンデータ政策、ビッグデータ政策等に資するように国内のデータ流通の阻害要因を取り除くべき」であり、その意味で2015年個法5条は「見直すべき」とされています[85]。確かに国・地方におけるデータ取扱いについての連携等を念頭においたときに、例えば一つの自治体で個人情報保護の不備があることが全体のセキュリティへの影響を与えることの問題性は否定できません。

ただ、問題性ばかりが強調される議論だけではなく、2000個の条例があることの「意義」も考える必要があると思われます。地方こそ大量の住民の個人情報を保有しており、とりわけ要配慮個人情報を国よりもはるかに多く保有して個々の事務を行っています。そして個人情報保護制度はもともと地方が先行した制度であり、その地域の事務に関して、国が認識しにくい個人情報保護に係る問題を国よりも早期に認識して対策することが必要で、個々の条例を通じてそれを行ってきたことの意味が強調されます[86]。すなわち、「認知の先導性」という面で自治体の果たす意味は大きいともされています。例えば、2007年改

85　鈴木正朝「資料5　個人情報保護法は何を守り、どこに向かっていくのか？」個人情報保護委員会ウェブサイト (https://www.ppc.go.jp/files/pdf/0517_shiryou5.pdf、2020年12月5日閲覧)。

86　高野祥一「個人情報保護制度における個人情報・保有個人情報の定義について」『行政法研究』35号201頁以下。

正前の住民基本台帳法や戸籍法において、住民票や戸籍謄抄本が不当な目的でなければ何人にも認められていたことについて、第三者からのこれらの交付請求が「不当」かどうかを自治体が判断するのは困難な状況をいち早く「認知」したのは自治体でした。それを踏まえ自治体は「本人通知制度」を創設し、第三者からの交付請求があった場合には請求があったことを本人に知らせるといった対応をとってきています[87]。2000個あることの負の側面が強調される傾向に対して、一元化されたとしても「地方公共団体の取組をできる限り尊重する運用を行うことを期待したい」との宇賀の指摘もあります[88]。住民自治を実現するための手段、あるいはその前提条件としての個人情報保護制度としても位置付けるべきであると思われます。

⑷　地方自治（その2）　国が法律で行うべき問題か？

上記の議論に関連して、個人情報の保護は、国が、法律で行わなければいけない問題なのかという問題が提起されています。すなわち板垣によると、現状の認識として、情報通信技術を取り巻く環境が大きく変化したこと、情報公開と比して個人情報保護の実務はセキュリティ確保が大きな職責を占めるため情報公開では適していた分権的制度設計が当てはまらない部分が強まったこと、そして分権的な制度設計が常に望ましい帰結をもたらすとは限らない、ということが指摘されます。そのことを前提に、「基本的人権の尊重はそれ自体が目的であるのに対して、地方分権のような統治機構のあり方は目的を達成するための手段」であり、「より良い個人情報保護実現のため集権的な制度設計の方が適するのであれば、方針転換に躊躇すべきではない」こと、そして、「個人情報の氾濫ともいえる状況の激変によって、集権的な制度設計が必要な領域へと変化したとみるのが妥当」であること、など

87　宇賀克也編著、前掲『自治体職員のための2021年改正個人情報保護法解説』、8頁以下参照。
88　宇賀克也「個人情報保護法制の一元化」行政法研究39号37-38頁。

が指摘されています[89]。

重要な問題提起であり、ある領域の事務を国が担当するべきか地方が担当するべきか、また法律でそれを規制するべきかという壮大な問題です。補完性の原理を踏まえて検討するべきだとは思いますが、この点をここですべてを論じることは難しいです。ただ、この度の個人情報保護制度の改正のみに関していいますと若干の疑問をもっています。

まず、2021年の個人情報保護法改正の動機は、「基本的人権の尊重」を目的とした改革と評価することができるのか、という点です。確かに個人情報保護条例を制定していない団体に対してはこの度の一元化は個人情報の保護ルールを作ったという点では評価できますが、多くの自治体においては、既にみてきたように、個人情報・個人データの利活用の目的のために、その保護に関する規制は緩和されています。「よりよい個人情報の保護実現」とは何かによっても変わる部分はあるようにも思われますが、自己情報コントロール権の明示や加工情報への個人の参加等に関しては、改正個法は沈黙しています。

次にGDPRの十分制認定に関しても、多くの自治体の個人情報の保護水準を考えると根気よく説明すれば、不可能ではなかったと、板垣自身も指摘しています[90]。特に十分制認定において欧州委員会側から問題とされたのは、刑事訴訟法第197条2項に基づく捜査事項照会が十分な法律上の根拠なく、また司法を介さずに捜査機関が個人情報を取得することを可能にするものなのかどうかという点のようでもあり[91]、その点は個情委が欧州委員会へ向けた書簡にも示されています[92]。もと

89　板垣勝彦「地方公共団体における個人情報保護の仕組みのあり方と国の関係」『ジュリスト』1561号57頁。
90　同上、55頁。
91　宍戸常寿「地方行政のデジタル化と個人情報保護」『地方自治』876号（2020年）11頁。
92　法務大臣ほか「法執行及び国家安全保障目的の日本の公的機関による個人情報の収集及び使用（参考仮訳）」（2018年9月14日）7-8頁。（https://www.ppc.go.jp/files/pdf/kariyaku_government_access.pdf、2021年12月5日閲覧）。

もと捜査事項照会については、国の機関は「報告すべき義務がある」との見解を示しておりますが[93]、他方で自治体の場合、個人情報保護の観点から、捜査事項照会に対して個人情報を提供することを必ずしも義務とはとらえずに運用してきた自治体も多いことを申し添えます。

最後に、既にみてきたように個情委は、改正個法について、個人情報保護に関するナショナルミニマムを定めるもの、とはしていないような解釈をしています[94]。これまで自治体における条例制定が先行し、国が後追いで法律を作った例として、かつては公害規制立法、比較的近年では情報公開法や空家法などがありますが、法律制定後も、自治体では「法律の範囲内」で、様々な工夫を凝らした制度が認められ運用されてきています[95]。情報公開に関してはむしろ国の法律の方が、説明責任や透明性という点で地方の条例よりも高度の内容を示した結果、地方はそれに追随するような動きがありました。もちろん個人情報保護法とは法の目的や規制内容が異なる点はありますが、条例制定権という団体自治権を過度に制約する解釈がとられるとすると大いに問題があると思われます。改正個法が制定された現時点では、この上乗せ横出しの問題が一つの論点になります。この点は項をあらためて考えたいと思います。

改正個法という法律そのものが、個人の尊重や地方自治の本旨といった憲法的価値との関係で疑義が生じるということであれば、国が、法律で定めることの意義が問われてくるものと思われます。

⑸　地方自治（その 3）　条例制定権

〈改正個法における条例制定権制約の「根拠」〉

自治体は、「法律の範囲内」（憲法第 94 条）、また「法令に違反しない

93　内閣衆質 160 第 20 号（2004 年 8 月 10 日）参照。
94　個人情報保護委員会、前掲「考え方」、8 頁等参照。
95　空家に関する条例の状況等については、北村喜宣「空家法の実施と市町村の空家条例」『都市問題』2020 年 11 月号（2020 年）92 頁以下。

限りにおいて」（地方自治法第14条1項）、条例制定権が認められています。改正個法においては、すでにみたように「条例で定めることができる」事項について明示しておりますが、この明示されている事項以外に関して条例制定ができるかどうかが問題となります。しかしすでにみたように、個人情報に関する独自の保護措置を条例で定めることについて、TF「最終報告」においては、「特にそのような措置を講ずる必要がある場合に限る」としています。また個情委は「規律の考え方」の中では、「『個人情報保護に関する全国共通ルールを法律で定める』という令和3年改正法の目的に鑑み…」というフレーズを何度も用いて、「個人情報の定義」、「死者に関する情報の取扱い」、「条例要配慮個人情報の取得や提供等」、「審議会への諮問」等について、独自の規律を持った条例を定めることはできないとしています[96]。

この点に関しては、まず「共通ルールを法律で定める」との目的（個情委「規律の考え方」）を踏まえ「共通」でないと利活用に支障がでるから上乗せできないとする議論があるかもしれません。しかし、共通ルールが必要との理由だけでは、国の機関に合わせてルールを統一すべきとの結論には到達しません[97]（下線部筆者）。GDPRへの十分性認定への対応の観点でも個人情報保護の水準の高い地方に合わせてルールを統一する可能性もありえます。

また目的の曖昧さという論点もあります。すなわち2015年個法、2016年の行個法以来、法目的に「個人情報の適正かつ効果的な活用が新たな産業の創出並びに活力ある経済社会及び豊かな国民生活の実現に資するものであること」（2015年個法第1条、行個法第1条）という利活用の目的が定められ、国において「保護と利用のバランス」がより一層強調されてきました[98]。この点が改正個法によって自治体へも向

96　個人情報保護委員会、前掲「考え方」、3頁、8頁参照。
97　巽智彦、前掲「令和三年個人情報保護法改正と地方公共団体」、24頁。
98　藤原静雄「個人情報保護法制の一元化」『自治実務セミナー』2021年9月号（2021年）2

けられることになりますが、同法1条にいう「個人情報の有用性に配慮しつつ」、「個人の権利利益を保護する」という目的は果たしてどこまで両立ができるのでしょうか。むしろ対抗するものとして整理しなおすべきではないでしょうか。また、行政機関等匿名加工情報の募集提案制度を用いている改正個法のもとでは「有用性」の概念は広がりすぎるようにも思われます。そこにさらに「全国共通ルールを法律で定める」という2021年改正法の「目的」が仮に入るとすると、より一層曖昧さが増すことになります。この点は後述の条例制定権の問題ともかかわってきます。

〈徳島公安条例事件最判との関係〉

地方自治法第14条1項の「法令に違反しない限りにおいて」の意義について、徳島公安条例事件最高裁判決（最判1975（昭和50）年9月10日刑集第29巻8号489頁）では、「条例が国の法令に違反するかどうかは、両者の対象事項と規定文言を対比するのみでなく、それぞれの趣旨、目的、内容及び効果を比較し、両者の間に矛盾牴触があるかどうかによつてこれを決しなければならない」との規範を定立し、例示として「特定事項についてこれを規律する国の法令と条例とが併存する場合でも、後者が前者とは別の目的に基づく規律を意図するものであり、その適用によつて前者の規定の意図する目的と効果をなんら阻害することがないとき」には、「条例が国の法令に違反する問題は生じえない」としています。この「例示部分」に関する理解は様々分かれていますが、いずれにおいても法の目的が重要なものとして位置付けられています。松本の解説書では、法律と条例が同一の事項について異なる趣旨・目的による規制を行っている場合は、当該条例は、原則として法令に違反しないとされ、「法令の規定の意図する目的と効果を特に阻害するような場合は、例外となる」（下線部筆者）とされてい

頁以下。

ます[99]。

この規範との関係を考えてみますと、まず、仮に利活用のための全国共通ルールの策定という立法事実があるとしても、その立法事実は、TF「最終報告」が言うように、条例制定が「特に」必要がある場合にのみしか認めないという一般論を正当化するほどに説得的なものといえないと思われます。巽によるとむしろ「データの流通を特に妨げる場合」にのみ条例の制定が認められなくなる、と考える方が適切とされています[100]。

また仮に「プライバシー権の保護」と「利活用」とのバランスを考えるとしても、「政策目的」である後者より、「権利の保護」である前者に優先順位があります。さらに立法者はこれまで個人情報保護法に、その概念が多義的との理由等でプライバシーの権利を明記しようとしてきませんでした。すなわち立法者は意図的に憲法と個法とを切断しようとしていて、個法を「プライバシー保護法」ではなく「行政取締規定」として位置付けていたといえます[101]。仮にそうであるならば、自治体が、個法とは目的の異なる「プライバシー保護」を目的とした憲法具体化条例を制定することは、徳島公安条例事件最高裁判決の規範には抵触しない、とも言えそうです。

〈具体的検討〉

これらを踏まえると、法令の規定の意図する目的と効果を「特に」阻害しない条例の規律としては、以下のような指摘が可能と思われます。

例えば、まず本人から情報を収集する規定については、改正個法に

99　松本英昭『要説地方自治法第十次改訂版』（ぎょうせい、2018年）296頁以下。学説の整理について、人見剛「神奈川県臨時特例企業税条例事件東京高裁判決について」『自治総研』393号（2011年）71頁以下参照。
100　巽智彦、前掲「令和三年個人情報保護法改正と地方公共団体」、24頁。
101　鈴木正朝・山本龍彦「個人情報保護法制のゆくえ」『NBL』1161号50頁（鈴木発言）。

それを禁止する明文の規定はないこと、自己情報コントロール権の保障、そして市民の信頼を得た事務処理という観点から「原則」を条例に明記しておくことは法令違反とは言えないと思われます[102]。

またすでにみたように要配慮個人情報の取得制限規定については、すでに運用されてきた行個法の規定の中に「含まれる」ので条例での規定は必要ない、という論理が使われていますが、「含まれる」のであればなおさら条例で書くことは改正個法の目的と効果を阻害しないことになります。自治体職員の人権意識を充実させ、住民の不安不信を払しょくするためにも何らかの規定を置くことはあり得ます。なお個人情報の収集を制限する規定は、住民等を対象としない自治体内部に関する管理のルールの問題であって全国共通ルールが問題になる局面ではありません[103]。

死者情報についての規定も、生存する請求者本人の情報と同視できるかという判例の基準の適用について紛争が生じてきたことなどを踏まえ自治体で条例に明記してきたという点はすでに述べましたが、まさに住民がその事務を必要とし住民自治の結果として規定されてきたことでもあり、さらに法律の規制対象事項とも異なっています。改正個法における「個人情報」（第２条１項）は「生存する個人に関する情報」とあるので、条例において個人情報の概念を変えて死者情報も含めるのは厳しいかもしれませんが、死者に関する条例を別途設定し、ルールを明確化することは十分認められると思われます[104]。

オンライン結合については、これまで多くの自治体が審査会の審議

102　犬塚克、前掲「一自治体の現場からみた改正個人情報保護法の課題」、16頁は、「原則、例外の厳密な形ではなく、努力義務のような形なら、さらに問題になりにくいかもしれない」、ともしています。

103　同上、17頁。一元化された監督機関による監督に支障があるから、独自条例を置くことは許されないとする意見が仮にあるとしても、それはすでに改正個法の規律には「含まれない」ことになるように思われます。

104　宇賀克也「個人情報保護法制の一元化」『行政法研究』39号32頁、佐脇紀代志「個人情報保護法制『一元化』の意味」『自治実務セミナー』2021年９月号13頁。

においてチェックしてきた歴史があります。プライバシー保護評価についてはむしろGDPRの十分制認定への趣旨に合致するものと言え、特に国よりも自治体の方が要配慮個人情報を多く取扱っている現状もあります。オンライン結合の可否に関する判断はともかく、審査会による審議手続を条例で規定することは、これまでデジタル化されていない個人情報をデジタル化して取扱うにあたってのリスクアセスメントの機会として十分な個人情報保護の確保のため、また職員の個人情報保護への意識を維持するためにも、むしろ望まれます[105]。

行政機関等匿名加工情報については、匿名加工方法の検討や加工結果のチェックまた提供後の事業者名の公表などを条例で規定することもあり得ます。個人情報ではなく「個人に関する情報」として、プライバシー保護そして「個人の尊重」の観点から条例に規定を置くことは、法の目的と効果を阻害しないものと思われます[106]。

⑹　地方自治（その4）　事務・組織改編論

デジタル化に関連した事務・組織の改編論へも注視しなければなりません。

地方公共団体の自治組織間、行政分野・部門間における事務の性質の相違ゆえに、情報の連携・共有をすることについては限界がありますが、それでも行政組織による情報の連携共有には、ワンスオンリー・ワンストップ化など行政手続における私人の負担軽減のほか、行政手続の基礎になる性格の情報の効率的な蓄積、さらに新たな問題・課題の発見・解決の基礎になることなど様々な意義があるとされています[107]。

他方で、第32次地制調答申では、「地方行政のデジタル化」、「公共私の連携」、「地方公共団体の広域連携」といった課題と並んで「デー

105　宇賀克也、前掲「個人情報保護法制の一元化」、33頁。宇賀克也編著、前掲『自治体職員のための個人情報保護法解説』、152-155頁（髙野祥一執筆）。

106　稲葉一将、前掲「行政のデジタル化と個人情報保護」、48-49頁。

107　山本隆司「行政手続のデジタル化の諸文脈」『ジュリスト』1556号16-17頁。

タの利活用と個人情報保護」が課題とされていました。本多は、答申の今後の「取組みの方向性」にある「国・地方を通じたデジタル化」については、自治体の行政手続のオンライン化を促すものだが、標準化法に基づく自治体情報システムの標準化と相俟って、国の行政と自治体の行政の行政相互の間で垂直的連携・統合を進めることになることを指摘します。また、併せて「公共私の連携」については、「データの利活用と個人情報保護」をあわせると「公共私相互の間の水平的連携・統合」の契機になることも指摘しています[108]。

仮に、情報システムの連携から、事務の連携、そして組織の改編と安易に進むことが、個人情報保護の保護と活用に関する法制度改正の中に含意されているとするのであれば、厳しく評価する必要があるように思われます。

おわりに～憲法的価値の実現に向けて

これまでの自治体の個人情報保護条例は、個人情報を保護するという権利保護の側面と、自治体が独自にその制度を策定して育ててきたという地方自治の側面がありました。2021年のデジタル改革関連法による個人情報保護制度の改正は、それらの価値を制約する方向で大きな影響を及ぼす可能性があることが確認できました。情報システムについて技術的側面から一定の規格化・標準化をすることそのものは、これまでの実態を踏まえてあり得るとしても、それを超えて憲法的価値を制約することについては問題性を指摘しなければなりません。さらに憲法的価値をふまえたデジタル化とは何かを検討する必要があるものと思われます[109]。2021年5月に個人情報保護法が改正されたため、今後は自治体の個人情報保護条例をそれぞれどのように改正するかと

108　本多滝夫、前掲「地方行政のデジタル化と地方自治」、15-18頁。
109　白藤博行、前掲「Democracy5.0と『地方自治＋α』」、38-39頁参照。

いう点と、国レベルでは「3年ごとの見直し」に向けて議論を行うことになります。最後に二点ほど課題を指摘したいと思います。

法改正や条例改正に向けては、上記で述べた点以外にも、プライバシーの保護に向けて、GDPRの規制対応は参考になります。EUでは「プロファイリング」について定義（GDPR第4条（4））を置き、プロファイリングに対して異議を唱える権利（同第21条）も規定されています。また自動処理のみに基づき重要な決定を下されない権利（同第22条）や、「プロファイリングを含め…自動的な決定が存在すること」、またこれらが存在する場合、管理者は「その決定に含まれている論理」、「当該取扱いデータ主体への重要性」、「データ主体に生ずると想定される結果」を主体に対して告知する義務（同第13条2項（f））を規定し、複雑な説明ではなく「データ主体にとって有意味なもの」の説明を行うなど透明性を確保することとしています[110]。個人情報を含む「データの保護」を基本的人権と位置付けるとするならば、これらに対応する規制のあり方を検討する必要があります[111]。

次にデジタル社会にあって自治体の存在理由についてです。総務省の「デジタル時代の地方自治のあり方に関する研究会」においては、デジタル社会において地方自治体は冗長性、多元性を与える存在という議論がなされています[112]。すなわち、自治体は単に国のバックアップに過ぎない存在なのかどうかが問われています。このような議論をうけて、市橋は、分権的制度設計から集権的制度設計への「後退」を示すもの、として警鐘をならしています[113]。今般の個人情報保護の制度改正においても、国のモデル案をそのままコピーするのか、あるいは仮に

110　山本龍彦、前掲『AIと憲法』、88-108頁。
111　鈴木正朝・山本龍彦、前掲「個人情報保護法制のゆくえ」、49頁（山本発言）。
112　総務省「デジタル時代の地方自治のあり方に関する研究会（第1回）議事概要」参照。
113　市橋克哉「デジタル時代の地方自治について考える」『東海自治体問題研究所所報』2021年11月号（2021年）2-4頁。

独自の内容をもった条例制定に至らないとしても、自らの自治体に必要な個人情報保護の仕組みは何なのかを自らで考え、対応するのかでは自治の実践という意味で大きな違いがあるように思われます。なお、本稿においては上乗せ・横出し条例の可能性等を中心に考えてきましたが、そうではない方法ももちろんあり得ます。2021年個法に明文で条例事項とされていなくても、自らの自治体に必要な仕組みがあることを個情委に伝え、要望し、ガイドラインの内容の「充実」を図ることも自治の実現に向けて必要なことと思われます[114]。いまこそ憲法的価値を実現するためのデジタル化が問われるように思われます。

114　巽智彦、前掲「令和三年個人情報保護法改正と地方公共団体」、24頁。

Ⅱ　世田谷区における行政デジタル化と個人情報保護をめぐる課題

中村重美

はじめに

世田谷区は、2021年9月1日、「（国の）個人情報保護法改正に伴う区の個人情報保護制度等の見直しに向けた取組について」を区議会等へ報告した。

区は、報告の中で、2021年5月19日に公布された「デジタル社会の形成を図るための関係法律の整備に関する法律」（以下、「デジタル関係法」とする）により「個人情報の保護に関する法律」が改正され、（自治体に関する部分が）公布の日から2年を超えない範囲で施行される予定となったことをうけ、「今後、国が示すとしているガイドライン等の内容に関する情報の収集に努めるとともに…区の個人情報保護制度及び情報公開制度等の取扱いについて…（区の）審議会の意見を聴取しつつ検討を進めていく」と表明した。

1　世田谷区におけるDX・「行政のデジタル化」をめぐるこの間の経過

(1)　区が行政のデジタル化に関する方針を発表

区は、2021年2月8日、「世田谷区DX推進方針Ver.1（案）」（以下、「DX方針」とする）を発表した。「DX方針」の主旨を、「個人におけるモバイル端末保有率の上昇や、テレワークやオンライン会議システムなど、社会的にICT活用の有効性・必要性が改めて認識されるようになってきている…区では、コロナ禍を背景に…『世田谷区政策方針』（2020年9月）を策定し、その柱の一つとして『施策事業の本質的な見直し、事業手法の転換』を掲げ、ICT等を活用した行政サービスの向上に取り組むとともに、新しいスタイルの働き方で区の業務の効率化を一層進めていく…区としてDXをどう捉え、どう推進していくのか、…方向性を示すため」に策定したと説明している。

⑵ 区「DX方針」は国・総務省の「自治体DX推進計画」をほぼなぞる内容

区は、「DX方針」の冒頭、DXについて、「デジタル技術の導入や活用をきっかけに、『変革』し続けていくこと」と説明し、「コロナ禍において、様々な分野で導入が加速したデジタル技術は、人々の日々の生活に必要不可欠なものとなり、社会全体を変えている」と指摘した。そのうえで、「区民や地域団体、事業者、すべての人は、時間や場所を選ばず区役所に関わる、手続きすることができる」、「区役所は生み出した資源（時間、空間、ヒト、コスト）を公共サービスに還元する」という「Re・Design　SETAGAYA」を「コンセプト」にしていくと説明している。

区は、「DX方針」策定の背景として、「国においても、経済産業省が平成30年に『DXレポート』を示し、企業におけるDXの必要性など、デジタル化による社会変革を求めている」と紹介し、区として、「デジタル技術を導入することによる『変革』にこれまで以上に重点を置き、区の全組織をあげて取り組んでいく」と宣言している。

区は、国のデジタル庁設置を視野に、2021年4月に区の組織として「デジタル改革担当部」を新設したが、それは国や東京都の動きと歩調を合わせたものといえる。

区の「DX方針」では、「民間活力の推進」として、「公共サービスを直営（行政サービス）で行う発想から、民間と連携した取組みや民間ビジネス・活動を誘発する発想にシフトする」と表明している。これらは、2001年4月に発足した小泉内閣以降強調されてきた「官から民へ」「市場競争まかせ」の「新自由主義構造改革」の推進そのものであり、安倍内閣で強調された「世界で一番企業が活動しやすい国づくり」とこれを迫る経団連など財界の戦略につながる発想といえる。

区の「DX 方針」には、「オープンデータの活用推進や…区のフィールドを活用した実証実験の実施など、区民・事業者自体の活動や区との協働を促進する」と記述されている。国が進めようとしている「匿名加工情報」（もとはといえば個人情報）を集積し、「ビッグデータ」として新たなビジネスにつなげる発想といえる。ところで、区の「DX 方針」では、データの流通やその円滑化は語られても、そこで扱われる住民の「個人情報の保護」という視点が希薄ないしは欠落していることを指摘しなければならない。

区の「DX 方針」では、「マイナンバーカードの健康保険証利用開始、マイナポータルで（子育て、介護等）自治体の 31 手続きをオンライン化、（2023 年 3 月末までに）ほとんどの人がマイナンバーカード保有」という国のスケジュールを念頭に、「AI チャットボットによる問い合わせ対応、電子申請の利用拡充、ICT を利用した新たな学びの充実、オンライン会議システムの活用、スマートフォンによる電子マネー決済、SNS を活用した相談窓口、せたがや Pay を活用した行政サービス等」の取組みを進めると利便性の強調が先行している。しかし、そもそもマイナンバーカードの交付普及が進まない背景の検証や、いわゆる「デジタルデバイド」（情報格差）に対する十分な考慮がうかがえない。

2　行政のデジタル化が世田谷区に与える影響と課題

⑴　国の動きがストレートに区「審議会」に「報告」という形で持ち込まれた

区は、2020 年 12 月 22 日に開催された「世田谷区情報公開・個人情報保護審議会」（以下、「審議会」とする）の席上、「デジタル関係法」案が閣議決定されるのに先立ち、総務省の「地方公共団体の個人情報保護制度に関する法制化について（素案）」（2020年10月）の写しを区の審議会に通常の諮問案件とは別に「その他報告事項」としていきなり提示した。その際、区は、「『個人情報保護』と『データ流通』の両立が要請される」ので「地方公共団体の個人情報保護制度について、全国的な共通ルールを法律で規定する」、したがって、「国と同じ規律を適用」（自治体独自の上乗せ・横出しの自主的施策とルールは認めない等）という（素案）の趣旨を紹介し、「いずれ区の（個人情報保護）条例改正も話題となる」と説明したことは唐突の感を与えた。これに対して、審議会委員である筆者から、「区の条例改正に着手するにあたっては、区の条例制定の経緯と条例の基本的考え方を十分に検証したうえで、慎重に行うべき」と提起し、区がいったん引き取った経過がある。

区は、2021年6月25日、区の審議会に、国・総務省が発出した「デジタル社会の形成を図るための関係法律の整備に関する法律による個人情報保護に関する法律の改正等について（通知）」（2021年5月19日）を、通常の諮問事項と併せた事前配布ではなく、審議会当日「その他報告資料」として提示した。区から概要の説明が行われ、「小委員会等も含め審議会の意見聴取を行っていく」旨表明があった。

⑵　審議会を舞台に区条例の見直しをめぐる議論が展開された

区は、2021年8月27日、審議会に、総務省がまとめた「改正個人情報保護法の規律に関するQ&A」（2021年6月29日）を「その他報告資料」として提示し、「後日（国から）示されるガイドラインに沿って区条例改正手続きに入る。ついては、審議会に小委員会等を設けて集中的に審議する」旨表明した。審議会の中で、審議会委員である筆者から、世田谷区における1976年制定の「区電算条例」の考え方を基本的に受け継ぎながら、「収集制限」をはじめとした「OECD理事会勧告」（「プライバシー保護と個人データの国際流通についてのガイドラインに関する理事会勧告」：1980年9月23日）を踏まえた「自己情報コントロール権」を盛り込んだ区個人情報保護条例が92年に制定され今日に至っている経過を指摘した。併せて、第1次安倍政権時の2007年4月1日に発足した「地方分権改革推進委員会」が出した「第3次勧告」(2009年10月7日）が「自治立法権の拡大による『地方政府の実現』へ」と謳っていたことを想起する意義にふれ、「義務付け、枠づけ見直しを含む自治立法権、自治財政権、自治行政権を拡充していく、これがいわばその後の自治体の自治権拡充、地方分権改革の流れだったのではないのか、こうした自治権拡充の動きに対して、国が、『個人情報保護とデータ流通の両立を図る』という趣旨で一定のルールの下に統制をしていく、いわば、地方自治に事実上の『義務付け・枠づけ』を設定する『制約を与える』かのような事態が想定されるのではないのか。あらためて区の個人情報保護条例制定の経過と基本的考え方、積み上げの経緯を検証し、国の動きとの調整を図ること」の必要性を指摘した。若干の質疑のうえで、審議会の会長から、「まずは（国の動きに関する）情報の提供、どこかのタイミングでの（審議会としての）意見表明、(審議会で）何らかの勉強会をして審議会の審議のベースをつくっていく」という3つの提案が示され、審議会として確認された。

区は、2021年10月29日、区の審議会に、「令和3年個人情報保護法の改正に伴う世田谷区個人情報保護条例への主な影響について」を報告、説明した。これは、国の個人情報保護法改正に伴い「予測される影響をまとめた」とするものであり、区は、「収集禁止事項」、「本人外収集」、「外部委託」、「目的外利用・外部提供」、「電子計算機への記録」、「回線結合」等、現行の審議会に通常諮問している事項について、「改正個人情報保護法」（以下、「法」とする）と「世田谷区個人情報保護条例」（以下、「区条例」とする）の扱いを対比するリストのかたちで提示した。そのうえで、「2022年春頃に示される予定の国のガイドライン等の内容を精査したうえで区の方針を立て、その後、審議会から意見を聴き適正に進める必要がある」と現時点における区条例の「見直しの進め方」に関する区の考え方を示した。この点は、区として主体的に対応する意思を表明したといえる。

審議会では、議論のうえ、「条例見直しは審議会の重要審議事項に該当するものであること」、したがって、「正式な諮問を受けることを前提とした勉強会を複数回行い、意見交換、情報共有と理解を深めること」、そのうえで、「(国のガイドラインが示される) 2022年4月頃の審議会に諮問を受け、小委員会等を経て同年6月～8月に答申」、さらに、「区民意見募集等も行い、審議会を経て2023年の定例区議会に諮っていく」という条例見直しに係る一定のスケジュール感が共有化された。

区は、2021年12月24日、区の審議会に、「改正法の解釈等詳細について引き続き、国、東京都、他区などからの情報収集に努めるとともに、この間、区として区民の個人情報保護のために積み重ねてきたことを踏まえて検討を進める」として、「今後の主なスケジュール(予定)」を報告した。そこで注目されるのは、(2022年) 4月に「国から改正法の政令・規則の公布及びガイドライン等の公表」が予定されるのに先立ち、2月の審議会に諮問し、「審議会・勉強会、審議会・小委員会」を重ねたうえで、6月の審議会で答申を求めるとした点である。10月29日の審議会で示されたスケジュールが約2ヵ月前倒しされたことになる。審議会委員である筆者から、「区条例見直しに大きな影響を与えるとされるガイドライン等詳細が国から示される前に、依るべきガイドラインの内容が定かとならないまま区が審議会に諮問するのはいかがなものか」と問うたところ、区側から、「諮問は、区条例見直しの考え方という抽象的なものになる…これまでの積み上げの経緯を踏まえ、(答申は) 国に対して疑問点の照会あるいは国への申し入れ等問題提起ということになるか…いずれにしても勉強会を通して幅広い意見を出していくというスタイル」との対応の方向性が示された。国から箍をはめられる前に、率直な意見交換を通じて区における経緯を踏まえた意見を提出するということであれば、区の自律的で積極的な対応と考えることもできる。

「ガイドライン」という国が示す「基準」に「従うように」という国の方針と、条例制定権という自治体の自治立法権や住民の人権・プライバシーに責任を負う自治行政権に関わる自治体の自主性・主体性との整合性を、どのようにはかるのかが問われるテーマといえる。

⑶　国の動きは区議会や区の実施計画等にも影響を及ぼしてきた

区は、2021年9月3日、2020年度区の決算審査を含む2021年度第3回定例区議会に先立ち、「世田谷区DX推進方針に基づく重点的取組み（案）について」（以下、「DX方針取組み案」とする）を区議会等へ報告した。「DX方針取組み案」は、2月8日に提示された「DX方針」策定以降、「電子申請の拡充やオンライン会議の環境整備など…取組みを進めてきたところ…この間、国におけるデジタル社会形成の司令塔としてのデジタル庁の創設や地方公共団体の情報システムの標準化などを定めた、デジタル改革関連法が施行されるなど、区を取り巻く状況も変化している…国の動向等を踏まえるとともに、令和4年度からの「(「(仮称) 世田谷区未来つながるプラン2022-2023」)（注：現行の区基本計画の実施計画が2022年3月で期限を迎え、2024年4月からスタートする予定の次期基本計画の実施計画につながる2年間の実施計画）との整合を図りながら、区のDX推進に向けた基盤となる…今後2年間の重点的取組み案をまとめた」としている。

「今後2年間の重点的取組み」として、「行政サービス分野」では、「区民の視点からの変革」として、「オンライン手続き、オンライン相談、チャット相談・案内、キャッシュレス、セグメント受診、デジタルデバイド解消」等「区民の視点や困りごとに立ち返り快適なサービス提供をデザインしていく」としている。また、「参加と協働分野」では、「多様化の推進」と称して、「気軽な区民参加、ニーズのみえる化、コミュニケーションの多様化、マッチングによる協働」をデザインしていくとしている。さらに、「区役所庁内分野」では、「どこでも繋がるネットワーク、オンラインツール活用の拡充、コミュニケーションの活性化、庁内オープンデータ、業務効率化」等「ICT 利用環境の整備」を掲げている。

区は、9 月 24 日、区議会等に「デジタル改革関連法の概要について」を報告した。報告では、「デジタル庁の新設など行政のデジタル化を推進するデジタル改革関連法について、9 月より順次施行され、区においても、自治体情報システム標準化・共通化など法に基づき必要な対応を進めなければならない。今後、国から示される政省令、ガイドライン等に関する情報収集に努めながら対応する必要がある」と、前述した区の審議会における議論と通底する問題意識がうかがえる。

ところで、区議会「DX 推進・公共施設整備等特別委員会」において報告・配布された資料には、国の「デジタル・ガバメント実行計画」(2020 年 12 月 25 日閣議決定)、とりわけ、「マイナンバー制度及び国と地方のデジタル基盤の抜本的な改善に向けて(国・地方デジタル化指針)抜粋」があるが、そこに示された工程表にある「(仮称) Gov-Cloud の整備」と「標準準拠システムの開発」、並びに「(仮称) Gov-Cloud 利用地方公共団体順次拡大」を通じた「標準準拠システムへの移行」等を踏まえ、区は、「国が示す標準化対象業務 17 業務(23 特別区は固定資産税と法人住民税を対象外とするため 15 業務)について、関係府庁が示す標準基準に適合したシステムの利用が義務付けられ、国が整備する全国的なクラウド(ガバメントクラウド)上に構築されるシステムの利用に努めるとともに、標準準拠システムへの移行目標時期は令和 7 年度(2025 年度)とされている」ので、「庁内の検討体制を整えていく」と説明した。この報告を行ったのは国のデジタル庁に照応する区の「デジタル改革担当部」であり、前述の区の審議会を所管する区の「総務部区政情報課」とは別組織とはいえ、区の政策の企画・立案を行う部局であることから、そこからの発信は条例見直しに大きな影響を与えることは十分に想定しなければならない。

区は、11月10日、第4回定例区議会に先立って、区議会等に、「個人情報保護法の改正に伴う世田谷区個人情報保護条例の主な課題について」を報告した。報告の中で、区は、「国は、自治体ごとに異なる個人情報保護制度について、全国的な共通ルールを規定するとして『個人情報の保護に関する法律』を改正した」が、「法の解釈などについて、現時点では不明瞭な部分が多く、国が今後示すとしているガイドライン等の情報収集に努めている状況にある。今後の検討の基礎資料として、法と現行条例の相違点等について整理した」と説明した。そのうえで今後の取組みとして、区は、「改正法の解釈等詳細について、引き続き、国、東京都、他区などからの情報収集に努めるとともに、情報公開・個人情報保護審議会と情報共有を図り、個人情報保護条例における課題等について意見聴取し、検討を進めていく」と報告・説明するなど、区の審議会における議論を踏まえた慎重で誠実な対応の姿勢がうかがえる。

今後のスケジュールとして、「令和4年（2022年）春頃の（個人情報保護法）改正法の政令・規則の公布及びガイドライン等の公表」を受けて、2022年9月に「改正条例素案の区議会への報告並びに区民意見募集」、2023年2月に「改正条例案を区議会に提案」のうえ、2023年4月に「改正条例施行」という予定が提示された。

ところで、前述の通り諮問、答申のスケジュールは2ヵ月前倒しで進められるが、そこで生み出された期間に、定例の審議会のほか、勉強会や小委員会等臨時の審議会を複数回確保し、審議の実効性を高め、区の自律性を保持しようとしていることが明らかとなった。

因みに、11 月 10 日、区議会等に示された「区の個人情報保護条例における主な検討課題」は、10 月 29 日の区審議会で報告された「改正個人情報保護法」と「現行区条例」との対比リスト並びに検討を要する課題一覧の抜粋という性格のものであった。

区は、前述した「(仮称) 世田谷区未来つながるプラン（素案)」のその後の検討に基づく（案）を 11 月 10 日、区議会等に報告した。(案) の中で、「新たな自治体経営」という括りで「DX の取組みを加速させ、区民を主体としたサービスデザインを徹底するとともに…デジタル・デモクラシーにより、参加と協働を発展させていく」と記述した。また、「DX 推進を支える情報化基盤の強化」の取組みの項で、「情報セキュリティに関するシステム対策及びセキュリティポリシーの継続的な見直し」と並んで「クラウドサービスやコミュニケーションツールの利活用を推進するため、事務用環境からセキュアに利用できるネットワークを構築」する、さらに、「機能的な窓口の実現に向けた取組み」の項で、『自治体 DX 推進計画』及び『世田谷区 DX 推進方針』を踏まえ、マイナンバーカードを用いたマイナポータルからのオンライン手続きの導入を進め、デジタル化による利便性の向上を推進」すると記述している。それは、国が「デジタル庁」設置によって企図している動きを反映したものであることを指摘しておきたい。

3 世田谷区における個人情報保護条例制定の経過と特徴

(1) 地方自治法改正による区長公選制復活と大場区政の誕生（1975 年 4 月）

1974 年の地方自治法改正によって、特別区の区長公選制が復活した。世田谷区では、1975 年 4 月、区長候補者である大場啓二氏と区職労を含む世田谷地区労、日本共産党、日本社会党（当時）間の政策協定に基づき大場区政が誕生した。政策協定の柱は、「大企業優先の自民党政府の悪政とたたかい、憲法をくらしに生かす福祉優先、住民本位の区政をすすめる」、「区民の要求と創意を結集して区民参加による区政の民主的刷新、科学的な行政を推進し、清潔で明るい区政をすすめる」、「憲法と地方自治の本旨にもとづき、区政の民主的刷新をはかる」にあった。

その後、区政運営の基本的方向性は、「区基本構想」（1978年6月）や「区基本計画」（1979年3月）に定められ、「区民の参加と提案」を前文に謳った「区街づくり条例」制定（1982年）や「区役所が住む人の近くにくる」、「打てば響くまちづくり」を掲げた地域行政制度の検討とスタート（1991年）につながっていった。

⑵　「世田谷区電子計算組織の運営に関する条例」の制定（1976年7月）

「世田谷区電子計算組織の運営に関する条例」（以下、「電算条例」とする）は、第1条に、「電子計算組織（以下、「電算機」とする）を適正に運営」「事務の近代化」「区民の基本的人権を守り」「福祉の向上を図る」等を規定し、条例の目的として区政運営の基本的方向性を定めた。第4条は、電算機の記録の正確性の維持・管理を規定するとともに、その運営にあたっては、「区民の基本的人権を尊重し、区民の個人的秘密を保護」と謳い、第5条は「個人の思想、信条、宗教、人権及び特別な社会的差別の原因となる社会的身分に関する事項を含めてはならない」と規定したうえで、「個人的生活に関する事実については、事務の目的に照らし必要最小限度のものであって、その事項を記録することが社会通念上正当であり、かつこれを記録することによって個人の秘密が侵害されるおそれがないと認めるものに限り、これを記録することができる」と記録事項の制限を規定した。第6条は、「電子計算組織運営管理審議会」（以下、「審議会」とする）を設置することを定め、電算条例第7条は、個人情報の記録や追加、変更または廃止、さらには、他の公共団体等に提供しようとするときは、「あらかじめ審議会の意見を聞かなければならない」と規定した。第8条は、「電算機に個人情報が記録されている個人」（以下、「本人」とする）から個人情報記録項目の「開示の申出」があったときは、「文書で本人に通知」しなければならないと定め、第9条は、個人情報記録項目の「変更または廃止」「（過誤の）訂正」等の申出があったときは、審議会の意見を聞いてその可否を決定し本人に通知することを定めるなど、「自己情報のコントロール権」に関する規定を設けた。第10条は、電算機による処理事務の外部委託にあたっても、審議会の意見を聞いたうえで、「区民の個人的秘密の保護に必要な措置を講じなければならない」と規定した。

電算条例は、当時、コンピュータ技術とその活用の急速な運用拡大という事態をうけ、電算情報を主としたものではあったが、「OECD理事会勧告」の中で「OECD 8原則」（①収集制限の原則、②データ内容の原則、③目的明確化の原則、④利用制限の原則、⑤安全保護の原則、⑥公開の原則、⑦個人参加の原則、⑧責任の原則）の重要なひとつとして「個人の参加」、いわゆる「自己情報のコントロール権」を定めるのに先立ち、「自己情報のコントロール権」に関する規定を設けるなど先進性があった。この電算条例が後に世田谷区の個人情報保護条例へと発展・継承されることになった。

⑶ 「世田谷区個人情報保護条例」の制定（1992年3月）の意義と現局面

電算条例制定以降、コンピュータの普及と活用の広がりに伴い、電算情報のみならず、マニュアル処理に係る情報に関しても個人情報保護を図る条例制定をめざす機運が高まってきた。特に、1989年に「世田谷区情報公開条例」（以下、「情報公開条例」とする）が制定され、行政情報の開示と個人に関する情報の取り扱いについての規定が定められることにより、総合的な個人情報保護を図る必要性が高まってきた。なお、情報公開条例は、2001年に改正され今日に至っている。

1991年に設置された「世田谷区個人情報保護制度懇談会」（以下、「懇談会」とする）は、個人情報保護に関する条例制定の主旨として、①個人情報保護を実のあるものとするため、「自己に関する情報の流れをコントロールする権利」を保障する。②より積極的な個人情報保護を図るため、マニュアル処理に係る情報についても等しく保護する。③区の実施機関が個人情報の収集、保管及び利用等をする場合の基本原則を明確にするとともに、個人情報の管理の適正を期するという「検討の方向性」を提示し、「区にふさわしい制度づくりを進める」（「懇談会」設置要綱）ことを謳い、川島正英氏（朝日新聞編集委員：当時）を座長、磯部力氏（都立大学法学部教授：当時）を副座長に、区議会議員や弁護士など12名の委員により検討が進められ、1992年3月に条例制定、7月施行となった。

第1回懇談会（1991年7月20日）の冒頭、区側から、「個人情報の大量処理と多面的な利用と個人のプライバシー侵害のおそれの増大」への危惧や「区民のプライバシー意識の高まり」をうけ、「一層充実を図った総合的な個人情報保護制度の確立が求められている」との問題意識が表明された。また、「OECD 8原則」や1980年9月の「OECD理事会勧告」を契機とした国の「行革大綱」（1986年12月）、さらには、「行政機関の保有する電子計算機処理に係る個人情報の保護に関する法律」（1988年12月）や国の「プライバシー保護研究会」の動向についても説明が行われた。

国は、地方公共団体における個人情報保護対策のあり方について、「個人情報保護対策研究会」を立ち上げ、第1次（1987年10月）、第2次（1990年7月）と相次いで報告を行った。懇談会の中で、区側は、「地域の実情に応じてそれぞれ判断、保護対策を講ずる」という国の報告の趣意を説明している。いわば、地方自治の尊重を示すものといえる。

自治立法権に関わる自治体の条例制定権や「自治体の自由度」の拡

大は、1993年の「地方分権の推進に関する国会決議」をうけたその後の一連の地方分権改革と（機関委任事務の廃止や義務付け・枠づけの撤廃等）地方自治法の連続した改正によって促進されてきた。いわば、「地域のことは地域で決める」地方自治体の自治権拡充と自主性・主体性発揮の方向が目指されてきたといえる。

4　デジタル技術の利活用は、住民福祉の増進と人権擁護の視点を基礎に

「地方公共団体の個人情報保護制度に関する法制化について（素案）」（総務省自治行政局）において掲げられている、「社会全体のデジタル化に対応した『個人情報保護』と『データ流通』の両立」に向けて、「（地方公共団体の個人情報保護制度について）全国的な共通ルールを法律で規定する」ことにより「地方公共団体の的確な運用を確保」と謳うことは、住民から預かった個人情報を適正に処理し行政サービスとして住民に返していくというそれぞれの自治体の自主的・主体的な行政運営に国が「縛り」を課して、「データ流通」のために自治体の「個人情報保護」規制を緩和しようとするものと言わなければならない。

情報通信などデジタル技術の進歩は、本来、住民の幸福や健康、福祉の増進に寄与すべきものであり、デジタル化の大前提は、政治と行政の透明性と説明責任が確保されていることといえる。とりわけ機微にふれる個人情報を適切に管理し、住民に安心と安全性を保障するものでなければならない。

しかし、安倍・菅・岸田政権の9年は、南スーダン日報、森友、加計、桜見る会、検察庁人事、日本学術会議会員任命拒否、国交省統計等、「隠ぺい」、「改ざん」、「調査拒否」を繰り返し、国民に対する説明責任から終始逃げ回ってきたのが実態である。

「デジタル改革」は経団連など財界からの強い要望の下、「規制改革」

を伴って進められてきた。新設されるデジタル庁の500人の職員体制のうち100人を企業から登用するとしている（当初）のもそのことを裏付けている。そもそも、「税・社会保障制度一体改革」と称して、個人情報を一元的に管理する「マイナンバー」という「共通番号」の導入を強く求めてきたのは財界であり、「負担に見合う給付」と言って社会保障を抑制し、国と大企業の負担を削減することが最大の狙いであったといえる。

個人のプライバシーは、憲法が保障する基本的人権であり、あらためて個人情報を保護し、自己情報コントロール権を保障する制度を整備し、住民の命とくらし、福祉の増進に真に貢献するデジタル技術の活用が求められている。直面する新型コロナウイルス感染症や気候危機に対しては「後手」「無策」「逆行」で、「戦争する国づくり」にひたすら猛進する憲法を踏みにじる政権の動きが「行政のデジタル化」や「データ流通の円滑化」にも連動しているとするならば、人権、民主主義擁護、そして住民自治を基底に置いた真の「参加と協働」の視点から自治体のあり方を構想していくことが求められている。

〈著　者〉
庄村勇人（しょうむら はやと）
名城大学法学部教授
1975年、徳島県生まれ。1997年、岡山大学法学部卒業、2004年、岡山大学大学院文化科学研究科博士後期課程満期退学。2004年、愛知学泉大学コミュニティ政策学部講師、同准教授、名城大学大学院法務研究科准教授、同教授を経て2019年～現職。
主な著作：「PFI事業の『検証』と『撤退』」『行政サービスのインソーシング―「産業化」の日本と「社会正義」のイギリス』（自治体研究社、2021年）85-114頁、「郵政事業におけるユニバーサルサービス規制と消費者組織」榊原秀訓編『行政サービス提供主体の多様化と行政法』（日本評論社、2012年）133頁以下等。

中村重美（なかむら しげみ）
世田谷地区労働組合協議会議長　世田谷自治問題研究所事務局長
1949年、福岡県生まれ。中央大学経済学部卒業。1972年東京都採用、世田谷区配属。1972年～2010年3月まで世田谷区職員。1997年から2009年まで世田谷区職員労働組合執行委員長。その後、同職員労働組合特別執行委員として世田谷地区労働組合協議会議長現在に至る。
主な論文：「世田谷区のPCR・社会的検査での区政の動向」『経済』第309号（新日本出版社、2021年）、「公契約条例がひらく地域のしごと・くらし」（自治体研究社、2019年）129頁以下、「東京都世田谷区における公契約条例制定の経過と特徴」『季刊自治と分権』第59号（大月書店、2015年）、「世田谷区の公契約条例：制定の経過の概略と特徴、今後の課題」『賃金と社会保障』第1629号（旬報社、2015年）等。

デジタル改革と個人情報保護のゆくえ
―「2000個の条例リセット論」を問う―

2022年2月10日　初版第1刷発行

著　者　庄村勇人・中村重美
発行者　長平　弘
発行所　㈱自治体研究社
〒162-8512 東京都新宿区矢来町123 矢来ビル4F
TEL：03・3235・5941／FAX：03・3235・5933
http://www.jichiken.jp/　E-Mail：info@jichiken.jp

ISBN978-4-88037-736-0 C0031

DTP：赤塚　修
デザイン：アルファ・デザイン
印刷・製本：モリモト印刷㈱